Basketball -Trainings- Logbuch

Mannschaftsinformation:

_____

_____

_____

Dieses Buch gehört:

_____

_____

Trainingszeiten:

Wochentag	Beginn	Ende	Ort / Halle:

Bibliographische Information der Deutschen Bibliothek: Die Deutsche Bibliothek verzeichnet diese Publikation in der Deutschen Nationalbibliographie; detaillierte bibliographische Daten sind im Internet über http://dnb.ddb.de abrufbar.

Layout & Grafiken: Alexander Strestik, FullCourtPress.de
Verwendete Font: Comfortaa von Johan Aakerlund,
unter der Open Font Licence
https://scripts.sil.org/OFL
Herstellung und Verlag: BoD – Books on Demand, Norderstedt
ISBN: 978-3-753-46149-6

Teilnehmer- / Mannschaftsliste

#	Pos.	Name	email / telefon
___	___	_____	_____
___	___	_____	_____
___	___	_____	_____
___	___	_____	_____
___	___	_____	_____
___	___	_____	_____
___	___	_____	_____
___	___	_____	_____
___	___	_____	_____
___	___	_____	_____
___	___	_____	_____
___	___	_____	_____
___	___	_____	_____
___	___	_____	_____
___	___	_____	_____
___	___	_____	_____
___	___	_____	_____

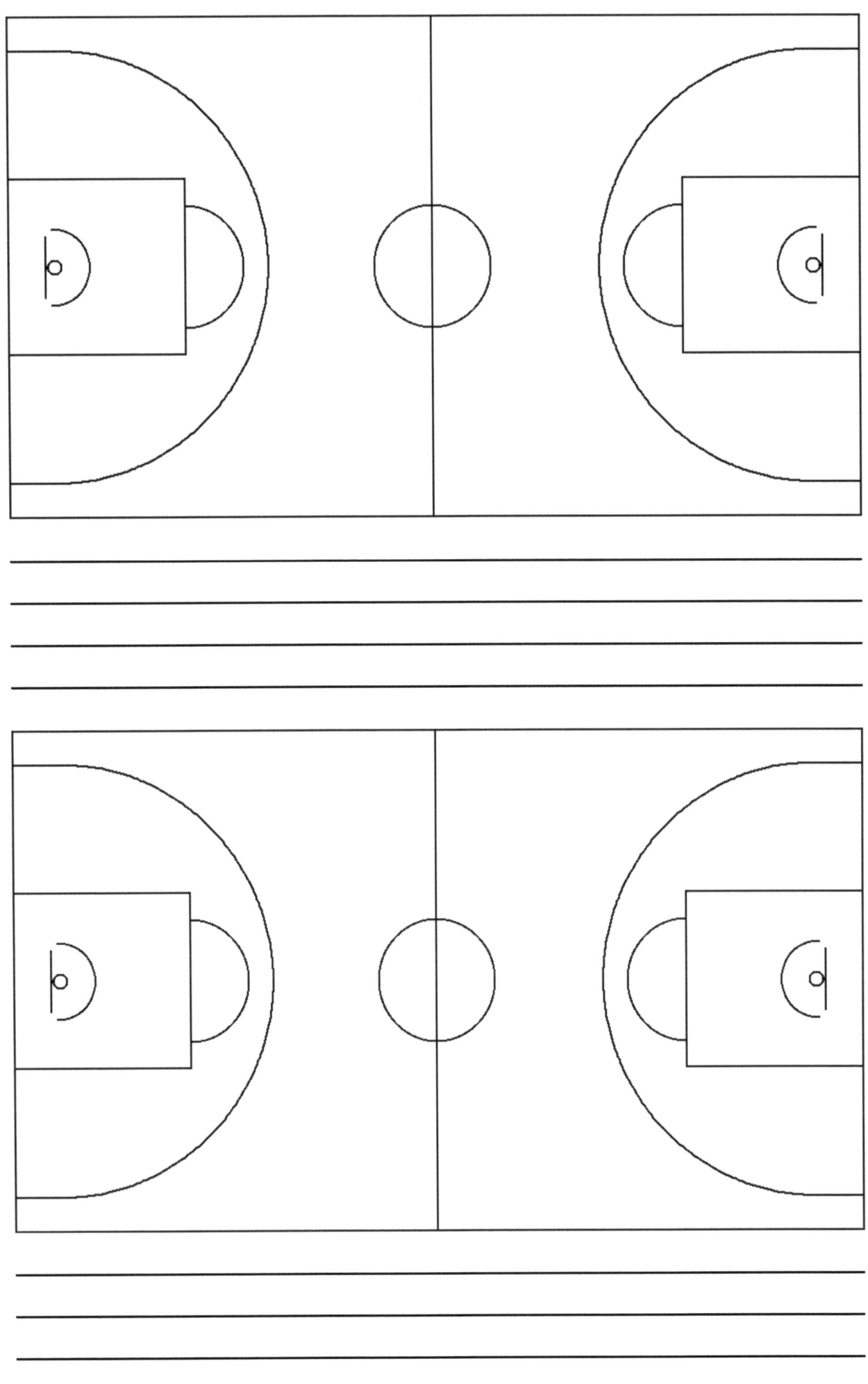

Ort / Halle: _____   Datum: _____

Teilnehmer: _____   Minuten: _____

_____ _____ _____ _____

_____ _____ _____ _____

_____ _____ _____ _____

_____ _____ _____ _____

Warm-up: mins:

_____

_____

Block 1:   mins:

_____

_____

_____

_____

_____

Shooting / Scrimmage   mins:

_____

Block 2:   mins:

_____

_____

_____

_____

_____

Shooting / Scrimmage   mins:

_____

Cool-down: mins:

_____

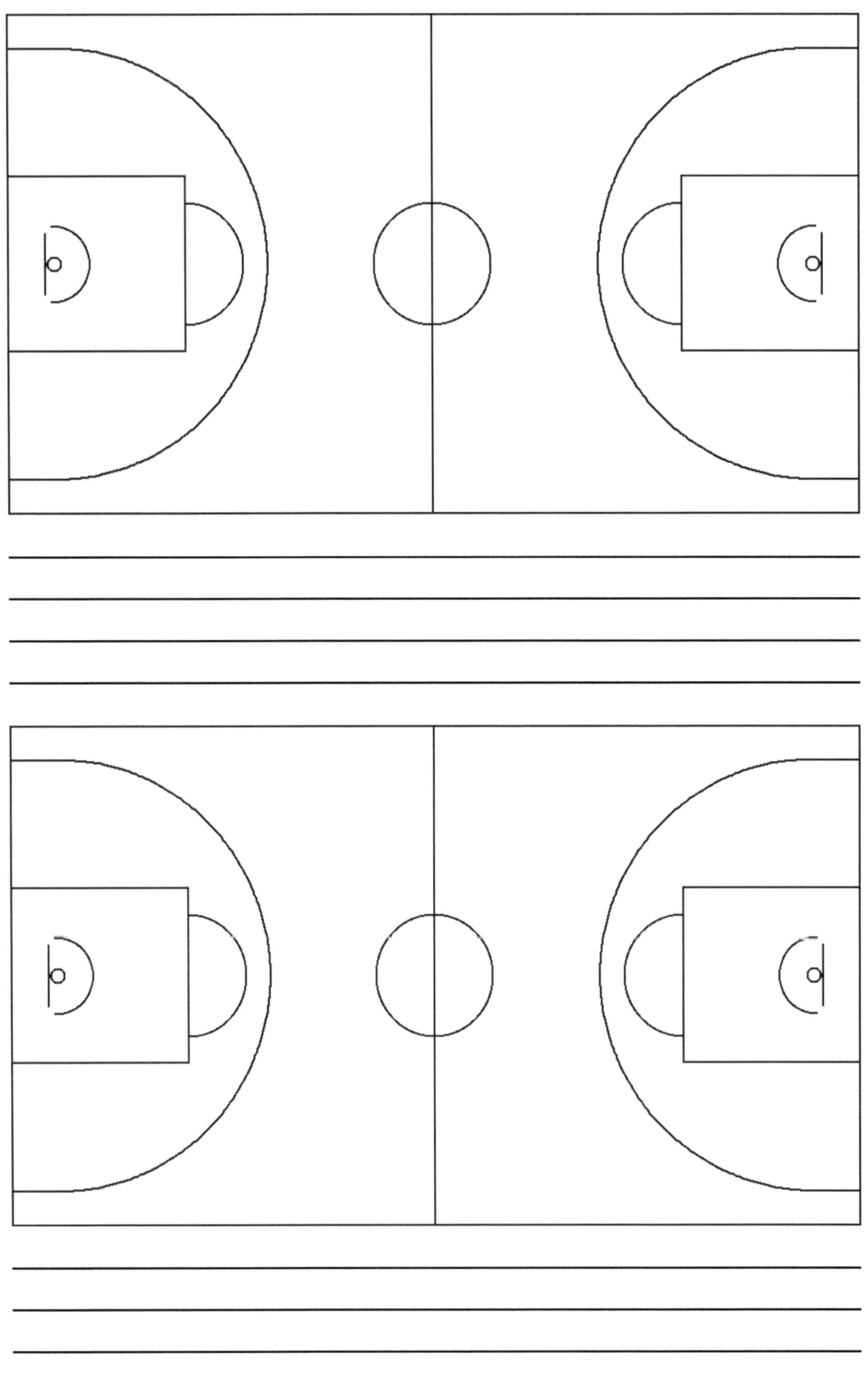

Ort / Halle: _____   Datum: _____

Teilnehmer: _____   Minuten: _____

_____ _____ _____ _____

_____ _____ _____ _____

_____ _____ _____ _____

_____ _____ _____ _____

_____ _____ _____ _____

Warm-up: mins: _____

_____

_____

Block 1:   mins: _____

_____

_____

_____

_____

_____

Shooting / Scrimmage   mins: _____

_____

Block 2:   mins: _____

_____

_____

_____

_____

Shooting / Scrimmage   mins: _____

_____

Cool-down: mins: _____

_____

Ort / Halle: _____   Datum: _____

Teilnehmer: _____   Minuten: _____

_____ _____ _____ _____
_____ _____ _____ _____
_____ _____ _____ _____
_____ _____ _____ _____

Warm-up: mins:

_____
_____

Block 1:   mins:

_____
_____
_____
_____

Shooting / Scrimmage   mins:

_____

Block 2:   mins:

_____
_____
_____
_____

Shooting / Scrimmage   mins:

_____

Cool-down: mins:

_____

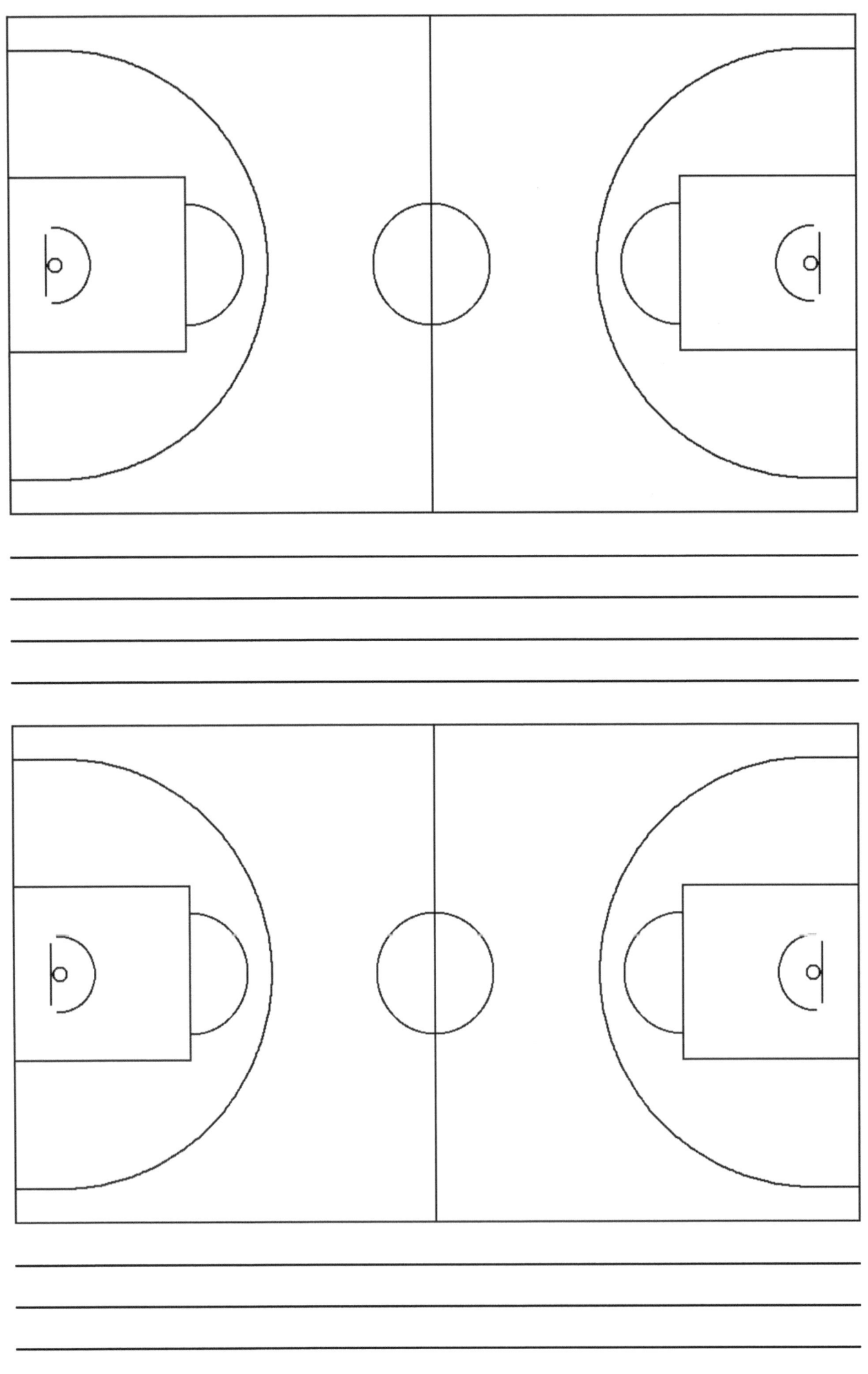

Ort / Halle: _____   Datum: _____

Teilnehmer: _____   Minuten: _____

_____ _____ _____ _____

_____ _____ _____ _____

_____ _____ _____ _____

_____ _____ _____ _____

Warm-up: mins:

_____

_____

Block 1:   mins:

_____

_____

_____

_____

_____

Shooting / Scrimmage   mins:

_____

Block 2:   mins:

_____

_____

_____

_____

Shooting / Scrimmage   mins:

_____

Cool-down: mins:

_____

Ort / Halle: _____ Datum: _____

Teilnehmer: _____ Minuten: _____

_____ _____ _____ _____

_____ _____ _____ _____

_____ _____ _____ _____

_____ _____ _____ _____

_____ _____ _____ _____

Warm-up: mins:

_____

_____

Block 1: mins:

_____

_____

_____

_____

_____

Shooting / Scrimmage mins:

_____

Block 2: mins:

_____

_____

_____

_____

_____

Shooting / Scrimmage mins:

_____

Cool-down: mins:

_____

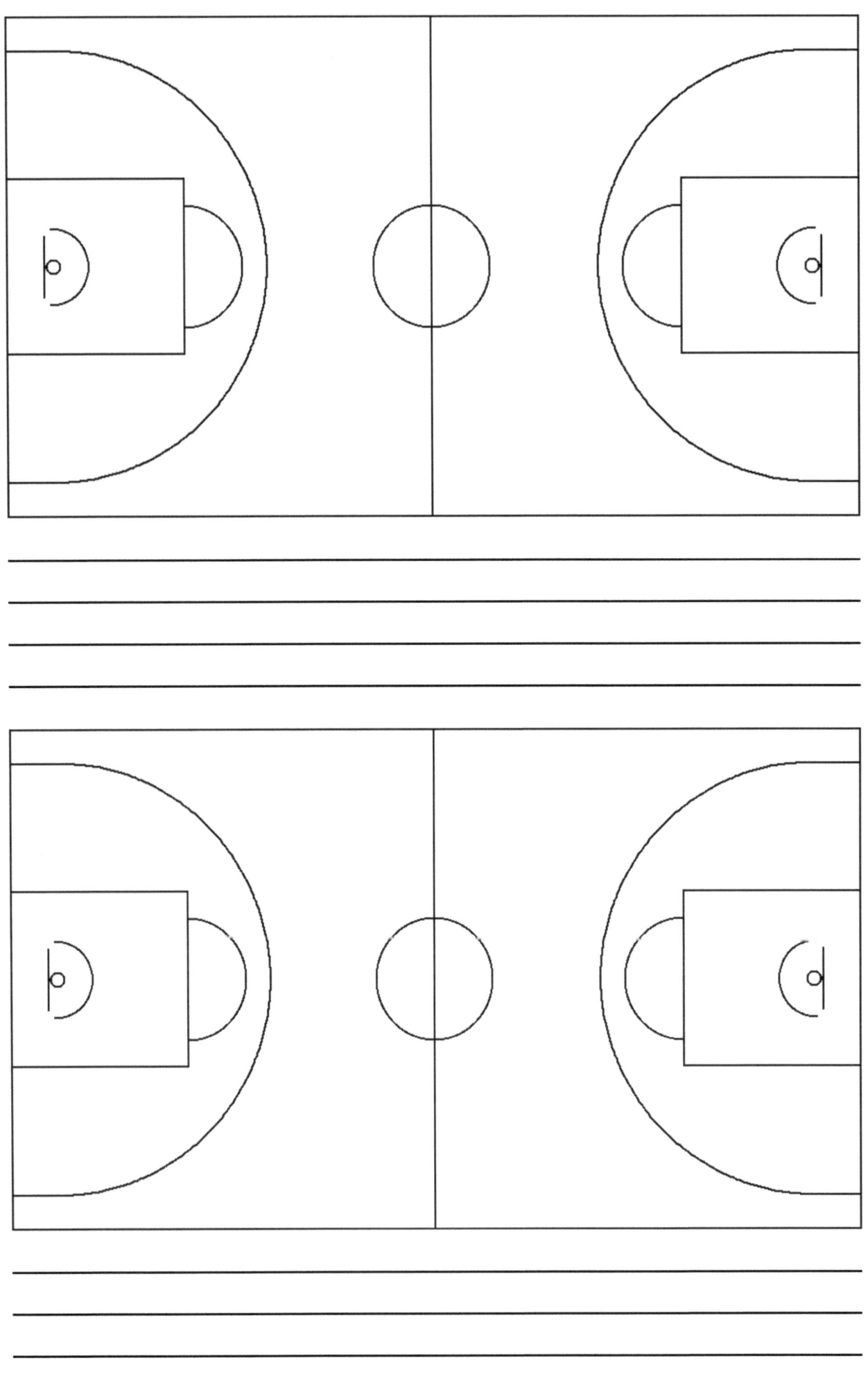

Ort / Halle: _____   Datum: _____

Teilnehmer: _____   Minuten: _____

_____ _____ _____ _____

_____ _____ _____ _____

_____ _____ _____ _____

_____ _____ _____ _____

Warm-up: mins:

_____

_____

Block 1:   mins:

_____

_____

_____

_____

Shooting / Scrimmage   mins:

_____

Block 2:   mins:

_____

_____

_____

_____

Shooting / Scrimmage   mins:

_____

Cool-down: mins:

_____

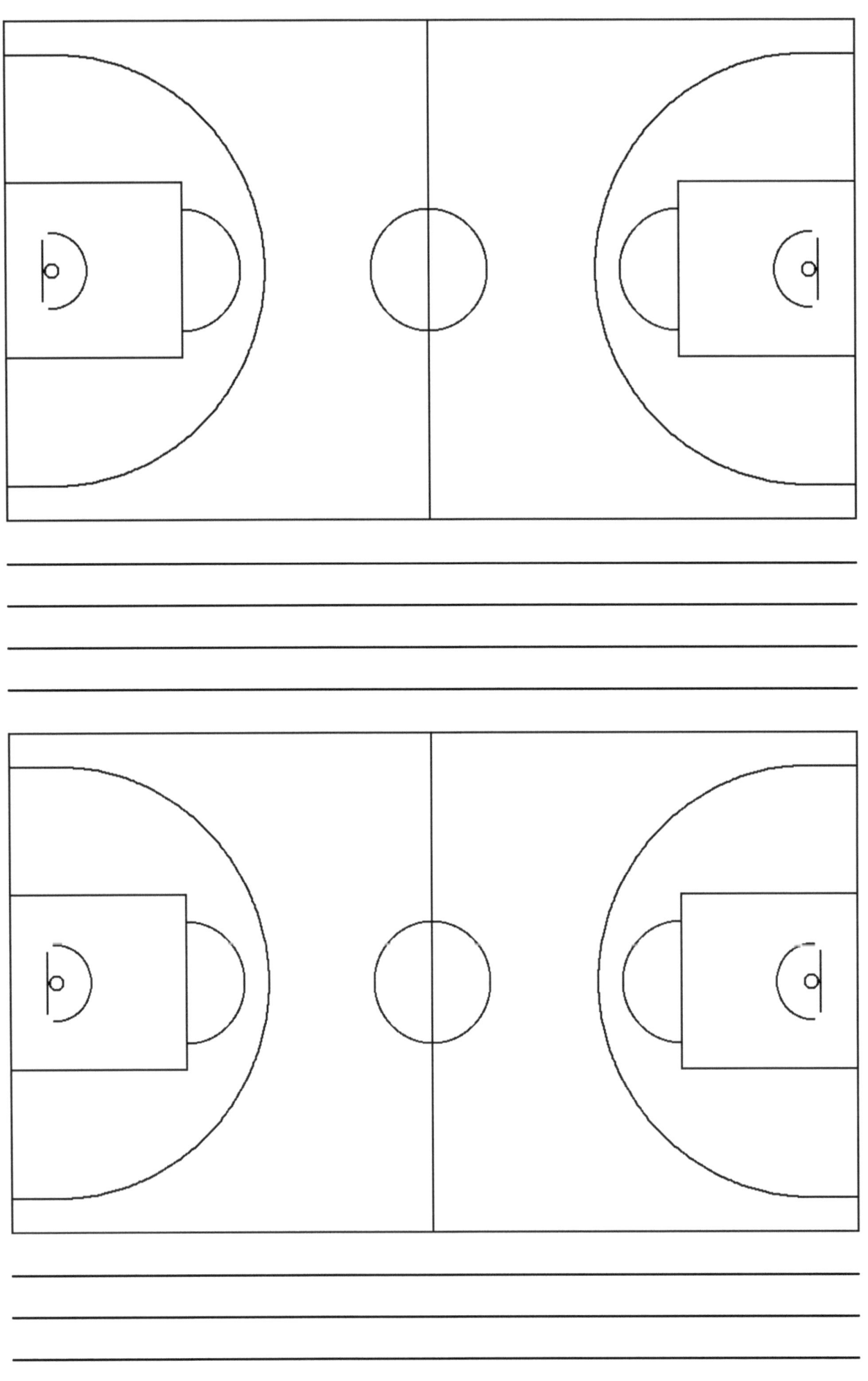

Ort / Halle: _____   Datum: _____

Teilnehmer: _____   Minuten: _____

_____ _____ _____ _____

_____ _____ _____ _____

_____ _____ _____ _____

_____ _____ _____ _____

_____ _____ _____ _____

Warm-up: mins:

_____

_____

Block 1:   mins:

_____

_____

_____

_____

_____

Shooting / Scrimmage   mins:

_____

Block 2:   mins:

_____

_____

_____

_____

_____

Shooting / Scrimmage   mins:

_____

Cool-down: mins:

_____

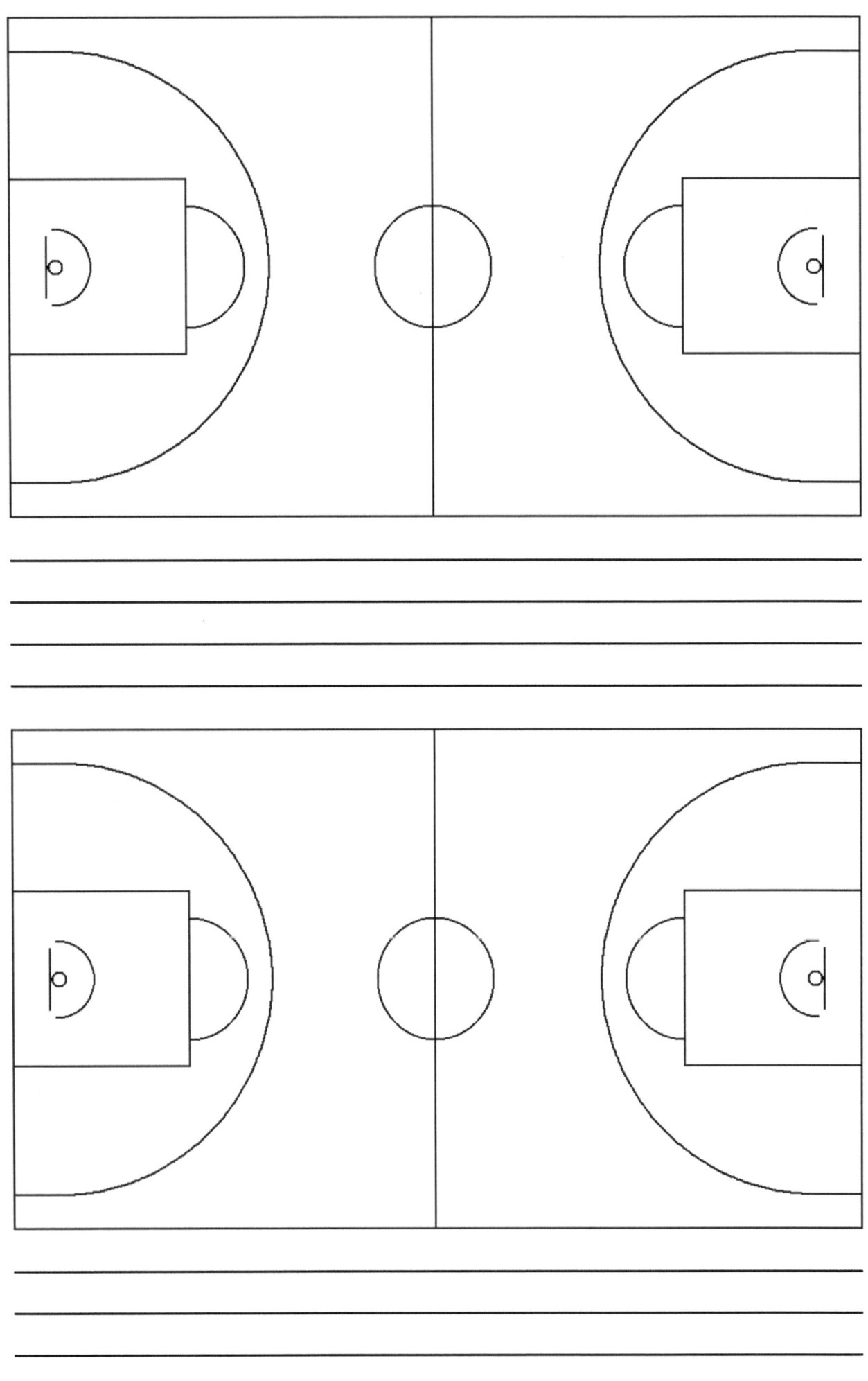

Ort / Halle: _____   Datum: _____

Teilnehmer: _____   Minuten: _____

_____ _____ _____ _____

_____ _____ _____ _____

_____ _____ _____ _____

_____ _____ _____ _____

Warm-up: mins:

_____

_____

Block 1:   mins:

_____

_____

_____

_____

Shooting / Scrimmage   mins:

_____

Block 2:   mins:

_____

_____

_____

_____

Shooting / Scrimmage   mins:

_____

Cool-down: mins:

_____

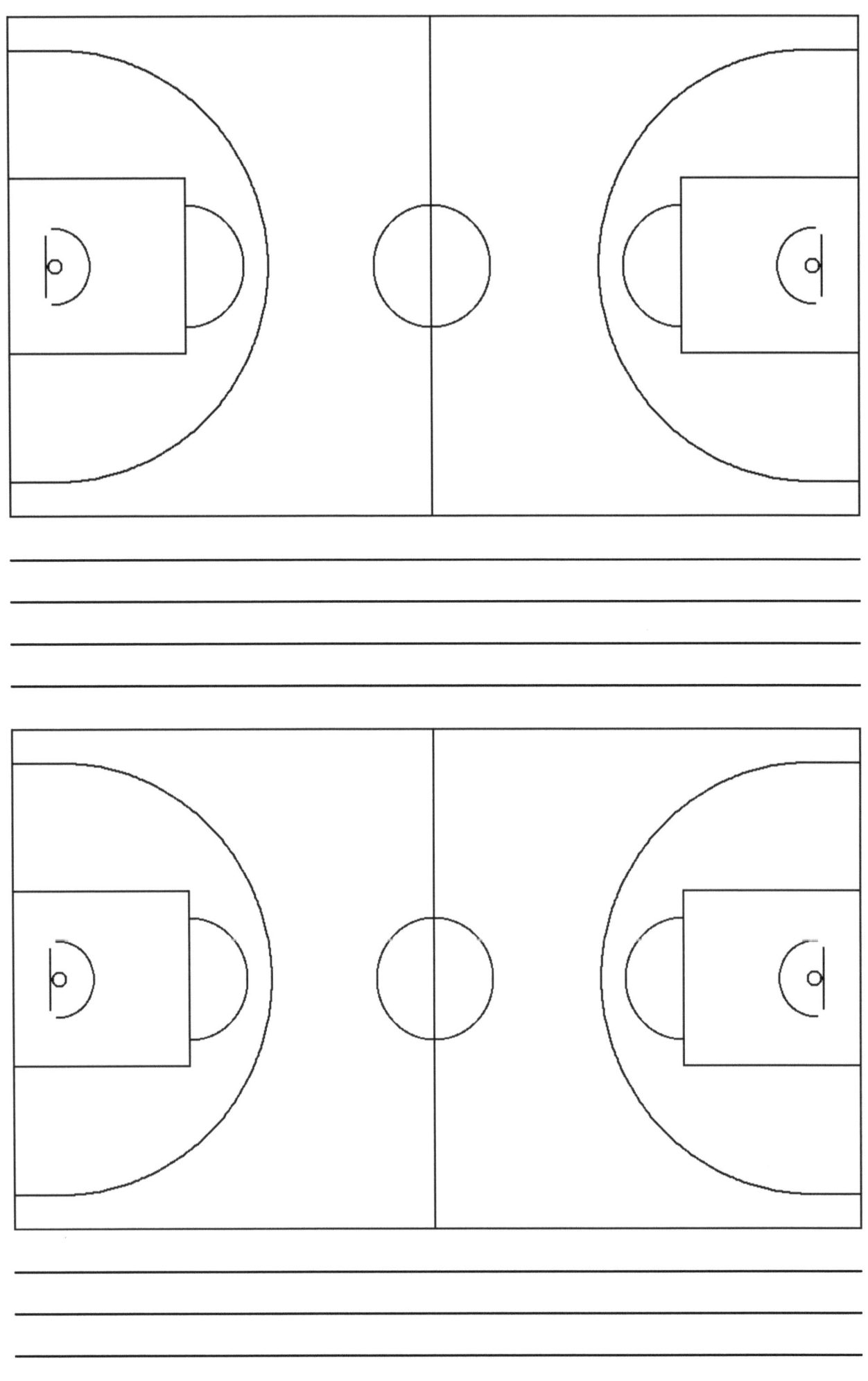

Ort / Halle: _____ Datum: _____

Teilnehmer: _____ Minuten: _____

_____ _____ _____ _____

_____ _____ _____ _____

_____ _____ _____ _____

_____ _____ _____ _____

Warm-up: mins: _____

_____

_____

Block 1:   mins: _____

_____

_____

_____

_____

_____

Shooting / Scrimmage   mins: _____

_____

Block 2:   mins: _____

_____

_____

_____

_____

Shooting / Scrimmage   mins: _____

_____

Cool-down: mins: _____

_____

Ort / Halle: _____   Datum: _____

Teilnehmer: _____   Minuten: _____

_____ _____ _____ _____

_____ _____ _____ _____

_____ _____ _____ _____

_____ _____ _____ _____

_____ _____ _____ _____

Warm-up: mins:

_____

_____

Block 1:   mins:

_____

_____

_____

_____

_____

Shooting / Scrimmage   mins:

_____

_____

Block 2:   mins:

_____

_____

_____

_____

_____

Shooting / Scrimmage   mins:

_____

_____

Cool-down: mins:

_____

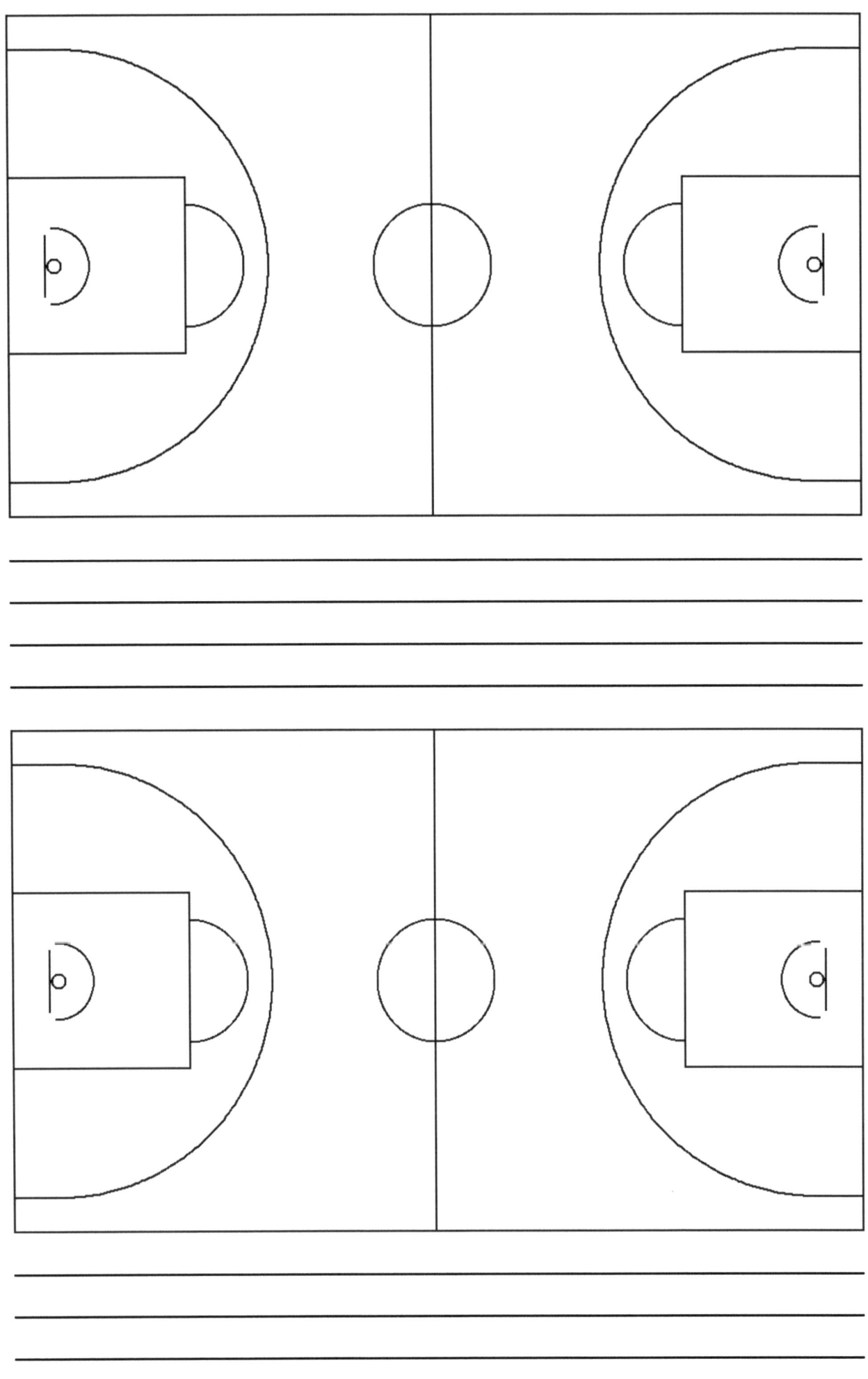

Ort / Halle: _____ Datum: _____

Teilnehmer: _____ Minuten: _____

_____ _____ _____ _____

_____ _____ _____ _____

_____ _____ _____ _____

_____ _____ _____ _____

_____ _____ _____ _____

Warm-up: mins:

_____

_____

Block 1:   mins:

_____

_____

_____

_____

_____

Shooting / Scrimmage   mins:

_____

Block 2:   mins:

_____

_____

_____

_____

Shooting / Scrimmage   mins:

_____

Cool-down: mins:

_____

Ort / Halle: _____   Datum: _____

Teilnehmer: _____   Minuten: _____

_____ _____ _____ _____

_____ _____ _____ _____

_____ _____ _____ _____

_____ _____ _____ _____

Warm-up: mins: _____

_____

_____

Block 1:   mins: _____

_____

_____

_____

_____

_____

Shooting / Scrimmage   mins: _____

_____

Block 2:   mins: _____

_____

_____

_____

_____

_____

Shooting / Scrimmage   mins: _____

_____

Cool-down: mins: _____

_____

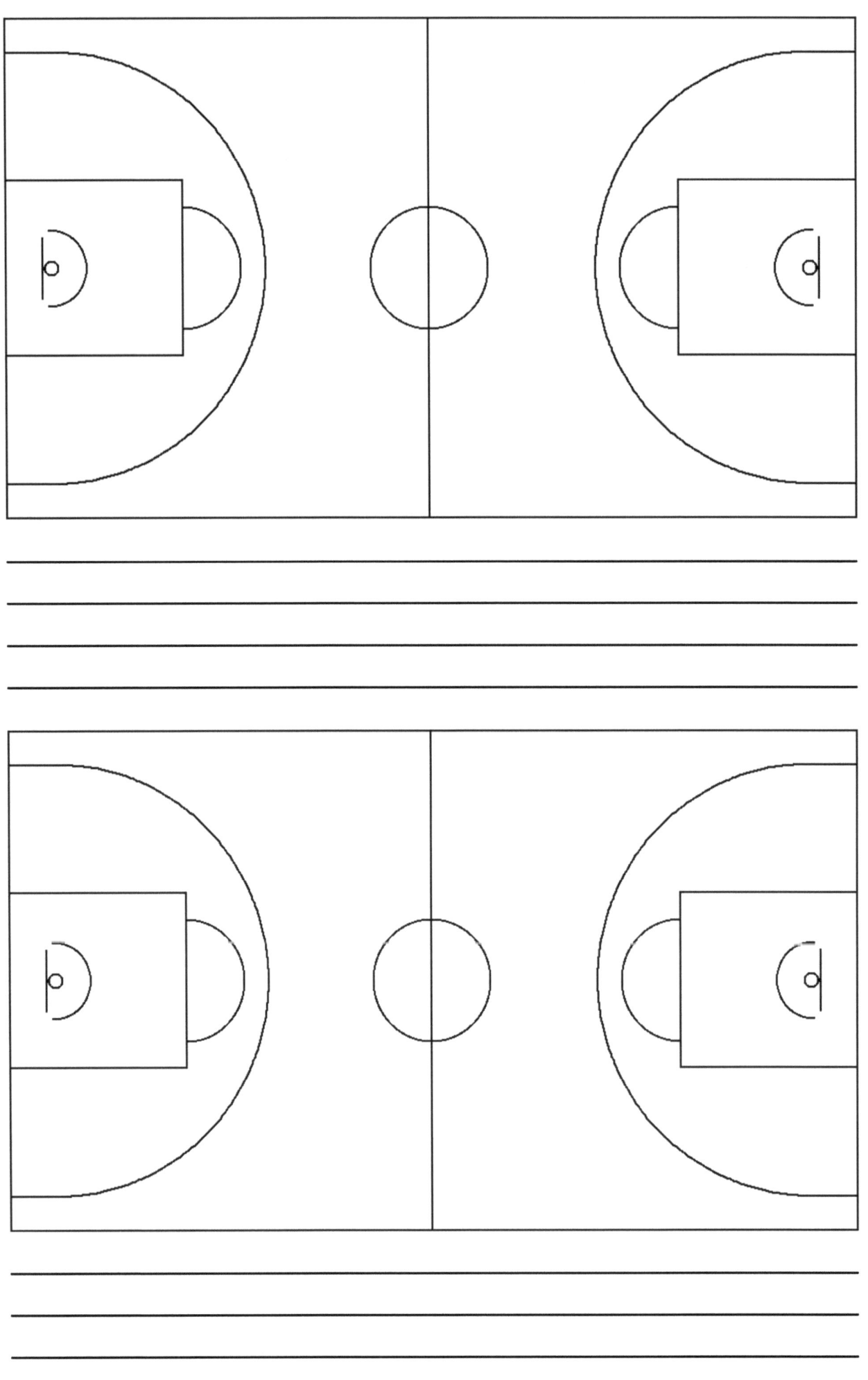

Ort / Halle: _____ Datum: _____

Teilnehmer: _____ Minuten: _____

_____ _____ _____ _____

_____ _____ _____ _____

_____ _____ _____ _____

_____ _____ _____ _____

Warm-up: mins: _____

_____

_____

Block 1:   mins: _____

_____

_____

_____

_____

_____

Shooting / Scrimmage   mins: _____

_____

Block 2:   mins: _____

_____

_____

_____

_____

_____

Shooting / Scrimmage   mins: _____

_____

Cool-down: mins: _____

_____

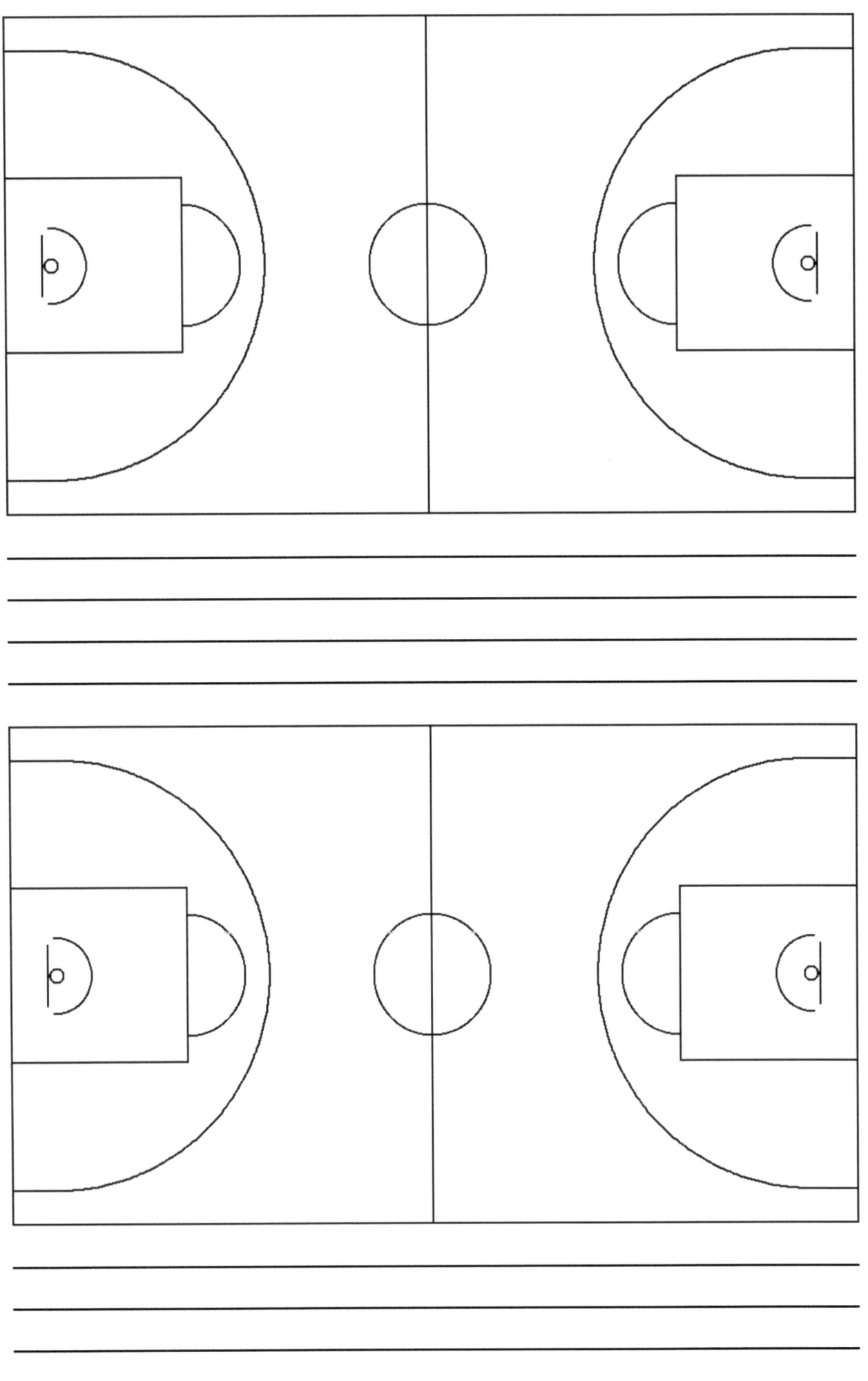

Ort / Halle: _____   Datum: _____

Teilnehmer: _____   Minuten: _____

_____ _____ _____ _____

_____ _____ _____ _____

_____ _____ _____ _____

_____ _____ _____ _____

Warm-up: mins:

_____

_____

Block 1:   mins:

_____

_____

_____

_____

_____

Shooting / Scrimmage   mins:

_____

Block 2:   mins:

_____

_____

_____

_____

Shooting / Scrimmage   mins:

_____

Cool-down: mins:

_____

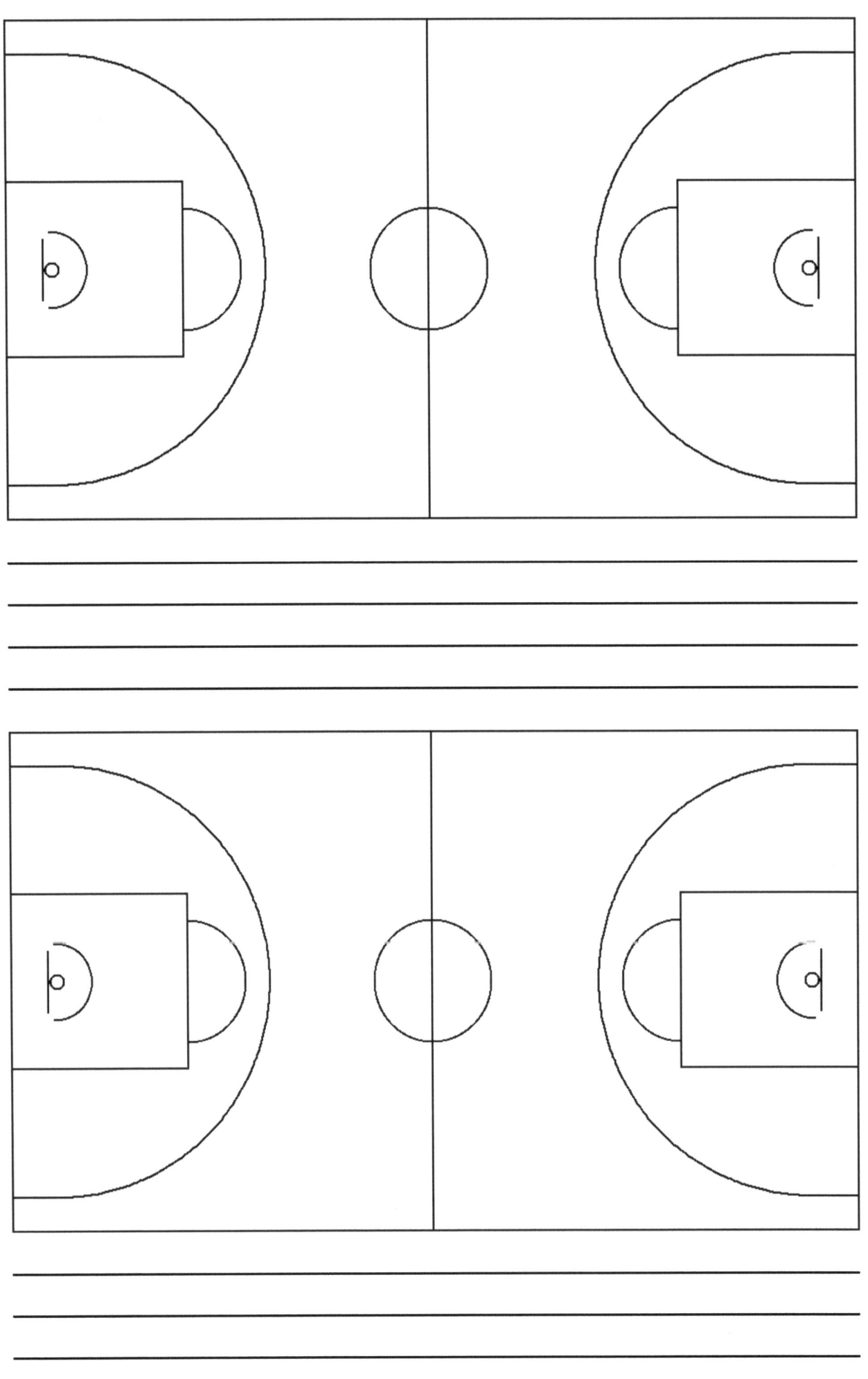

Ort / Halle: _____   Datum: _____

Teilnehmer: _____   Minuten: _____

_____ _____ _____ _____

_____ _____ _____ _____

_____ _____ _____ _____

_____ _____ _____ _____

Warm-up: mins:

_____

_____

Block 1:   mins:

_____

_____

_____

_____

Shooting / Scrimmage   mins:

_____

Block 2:   mins:

_____

_____

_____

_____

Shooting / Scrimmage   mins:

_____

Cool-down: mins:

_____

Ort / Halle: _____   Datum: _____

Teilnehmer: _____   Minuten: _____

_____ _____ _____ _____

_____ _____ _____ _____

_____ _____ _____ _____

_____ _____ _____ _____

Warm-up: mins: _____

_____

_____

Block 1:   mins: _____

_____

_____

_____

_____

_____

Shooting / Scrimmage   mins: _____

_____

Block 2:   mins: _____

_____

_____

_____

_____

Shooting / Scrimmage   mins: _____

_____

Cool-down: mins: _____

_____

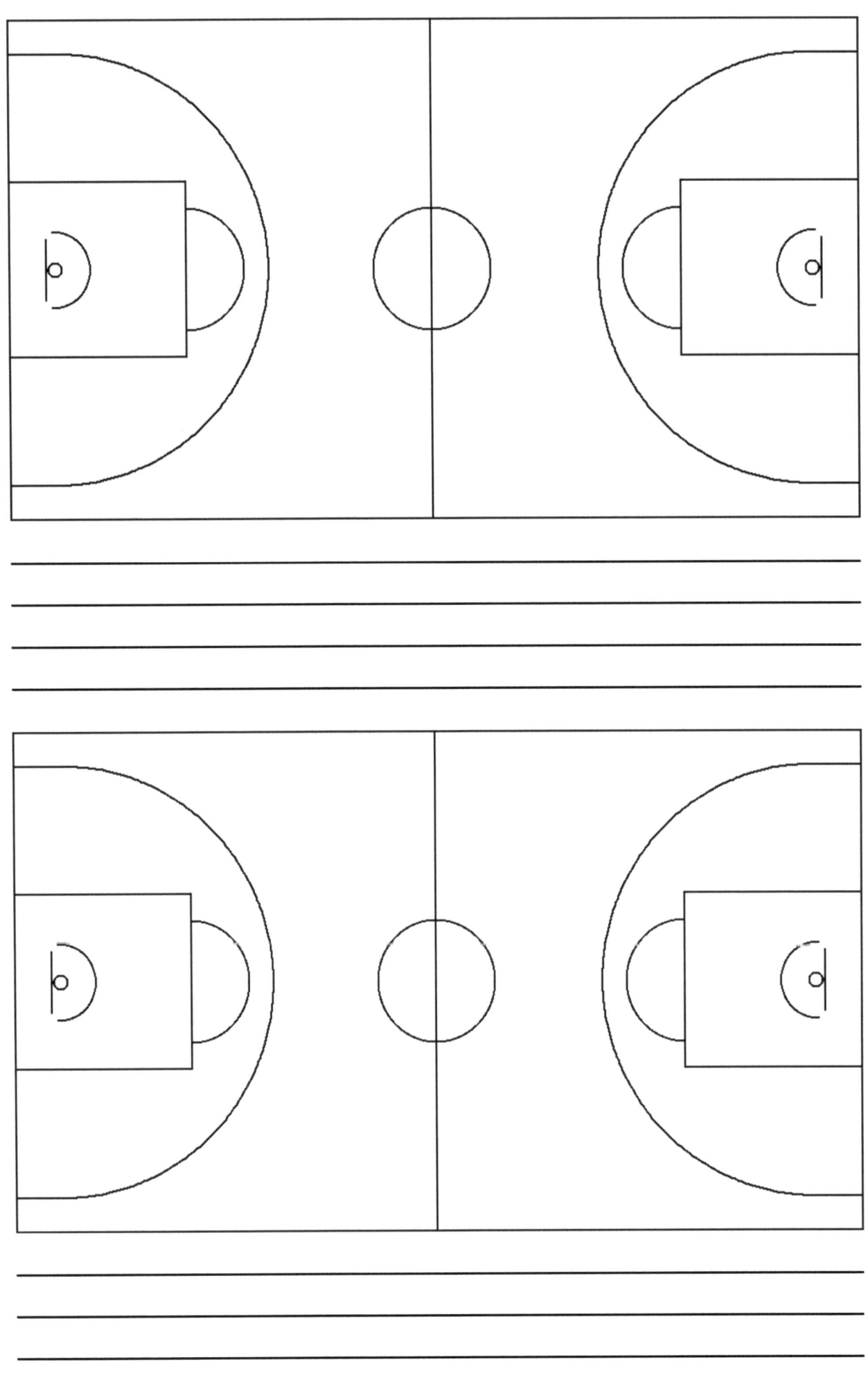

Ort / Halle: _____   Datum: _____

Teilnehmer: _____   Minuten: _____

_____ _____ _____ _____

_____ _____ _____ _____

_____ _____ _____ _____

_____ _____ _____ _____

_____ _____ _____ _____

Warm-up: mins:

_____

_____

Block 1:   mins:

_____

_____

_____

_____

Shooting / Scrimmage   mins:

_____

Block 2:   mins:

_____

_____

_____

_____

Shooting / Scrimmage   mins:

_____

Cool-down: mins:

_____

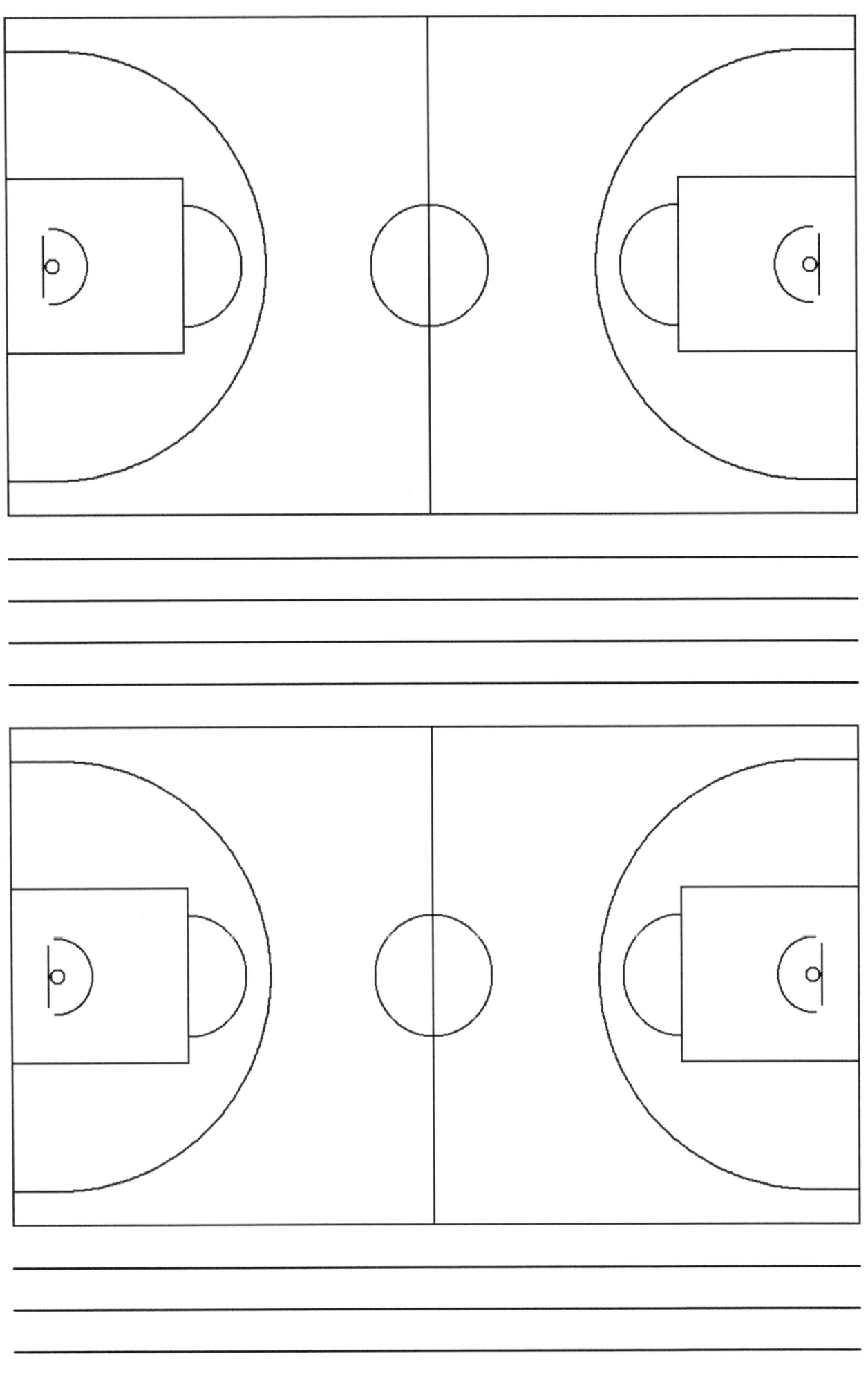

Ort / Halle: _____   Datum: _____

Teilnehmer: _____   Minuten: _____

_____ _____ _____ _____

_____ _____ _____ _____

_____ _____ _____ _____

_____ _____ _____ _____

_____ _____ _____ _____

Warm-up: mins: _____

_____

_____

Block 1:   mins: _____

_____

_____

_____

_____

_____

Shooting / Scrimmage   mins: _____

_____

Block 2:   mins: _____

_____

_____

_____

_____

Shooting / Scrimmage   mins: _____

_____

Cool-down: mins: _____

_____

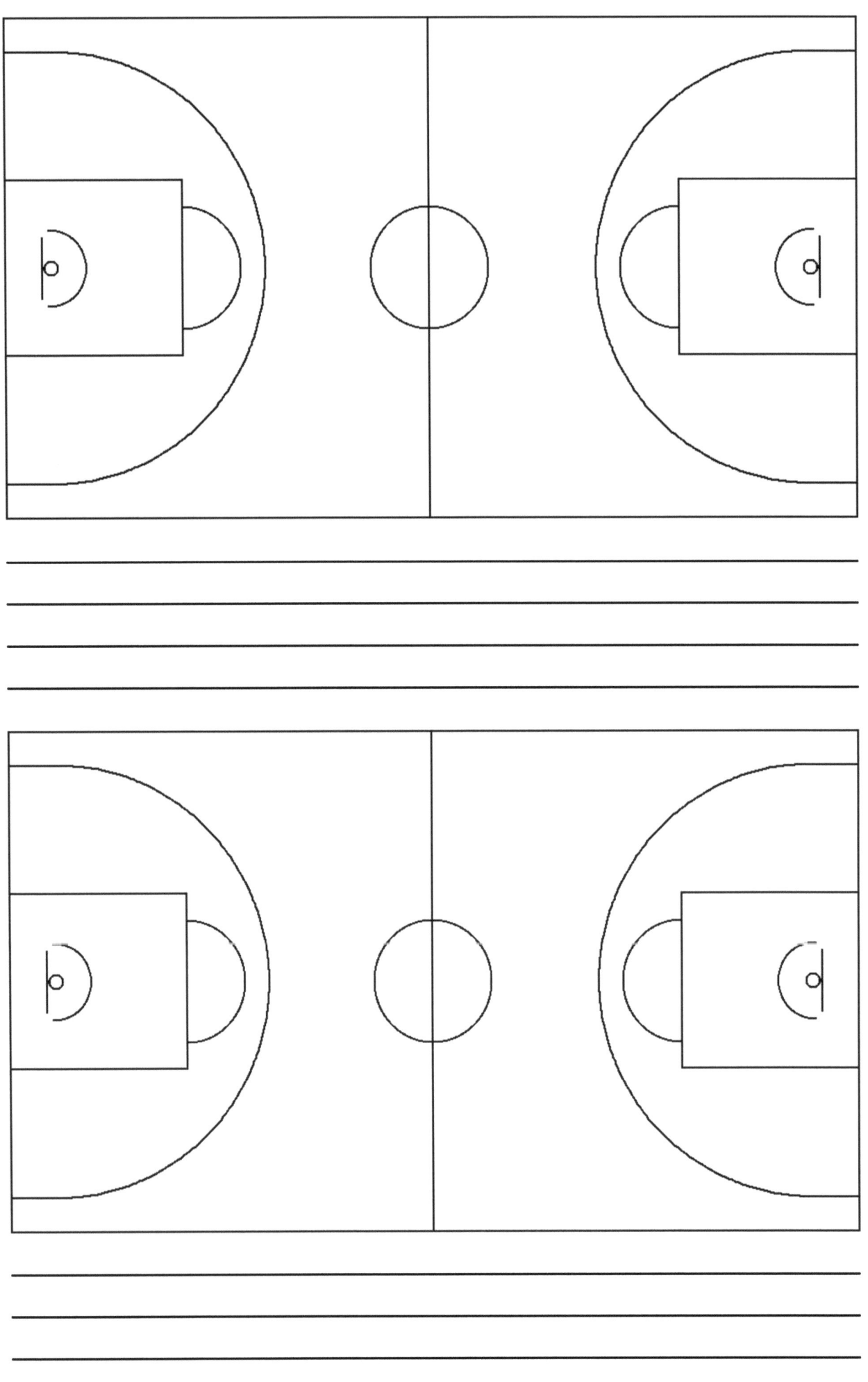

Ort / Halle: _____ Datum: _____

Teilnehmer: _____ Minuten: _____

_____ _____ _____ _____

_____ _____ _____ _____

_____ _____ _____ _____

_____ _____ _____ _____

Warm-up: mins:

_____

_____

Block 1:   mins:

_____

_____

_____

_____

Shooting / Scrimmage   mins:

_____

Block 2:   mins:

_____

_____

_____

_____

Shooting / Scrimmage   mins:

_____

Cool-down: mins:

_____

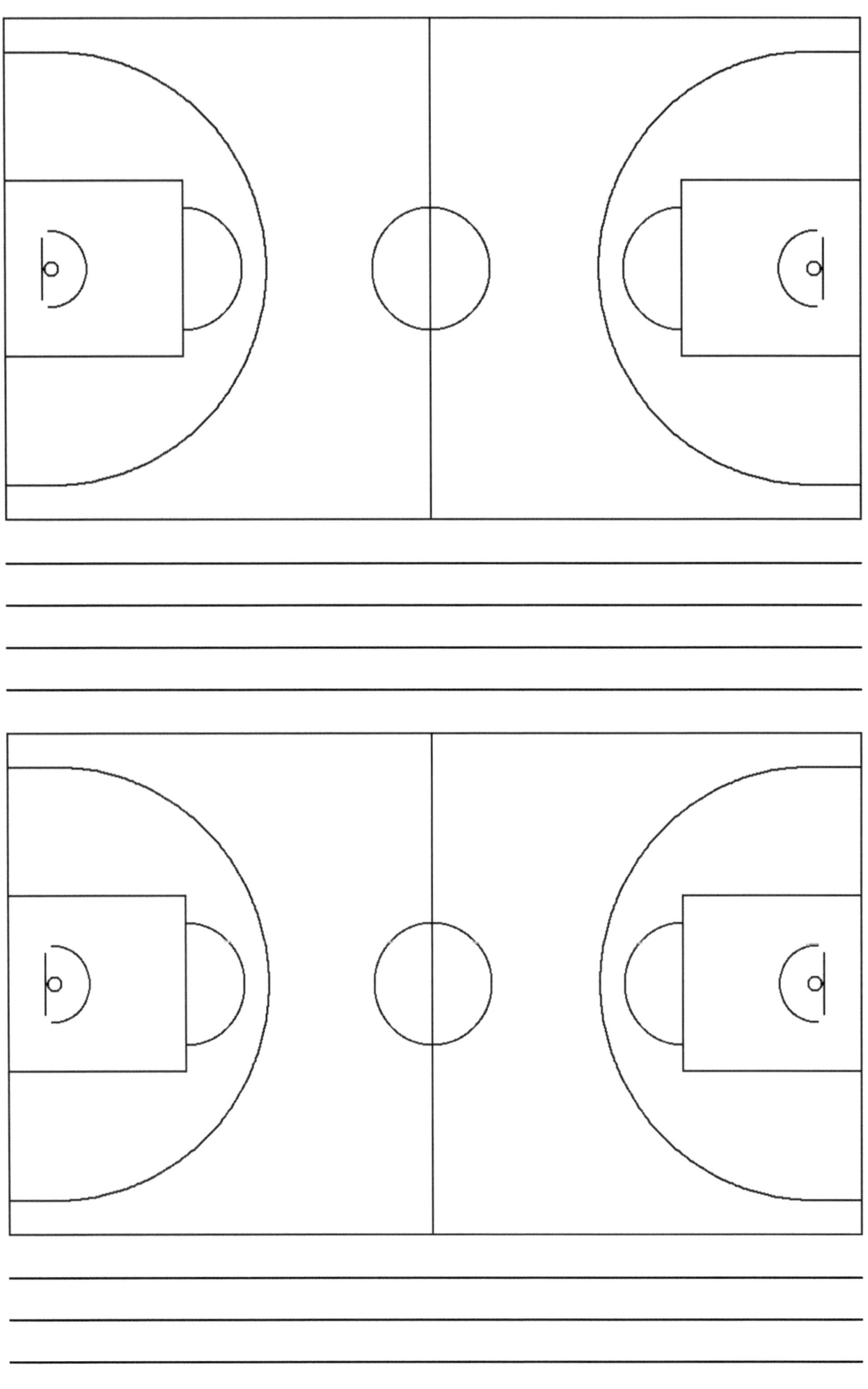

Ort / Halle: _____   Datum: _____

Teilnehmer: _____   Minuten: _____

_____ _____ _____ _____

_____ _____ _____ _____

_____ _____ _____ _____

_____ _____ _____ _____

Warm-up: mins:

_____

_____

Block 1:   mins:

_____

_____

_____

_____

_____

Shooting / Scrimmage   mins:

_____

Block 2:   mins:

_____

_____

_____

_____

Shooting / Scrimmage   mins:

_____

Cool-down: mins:

_____

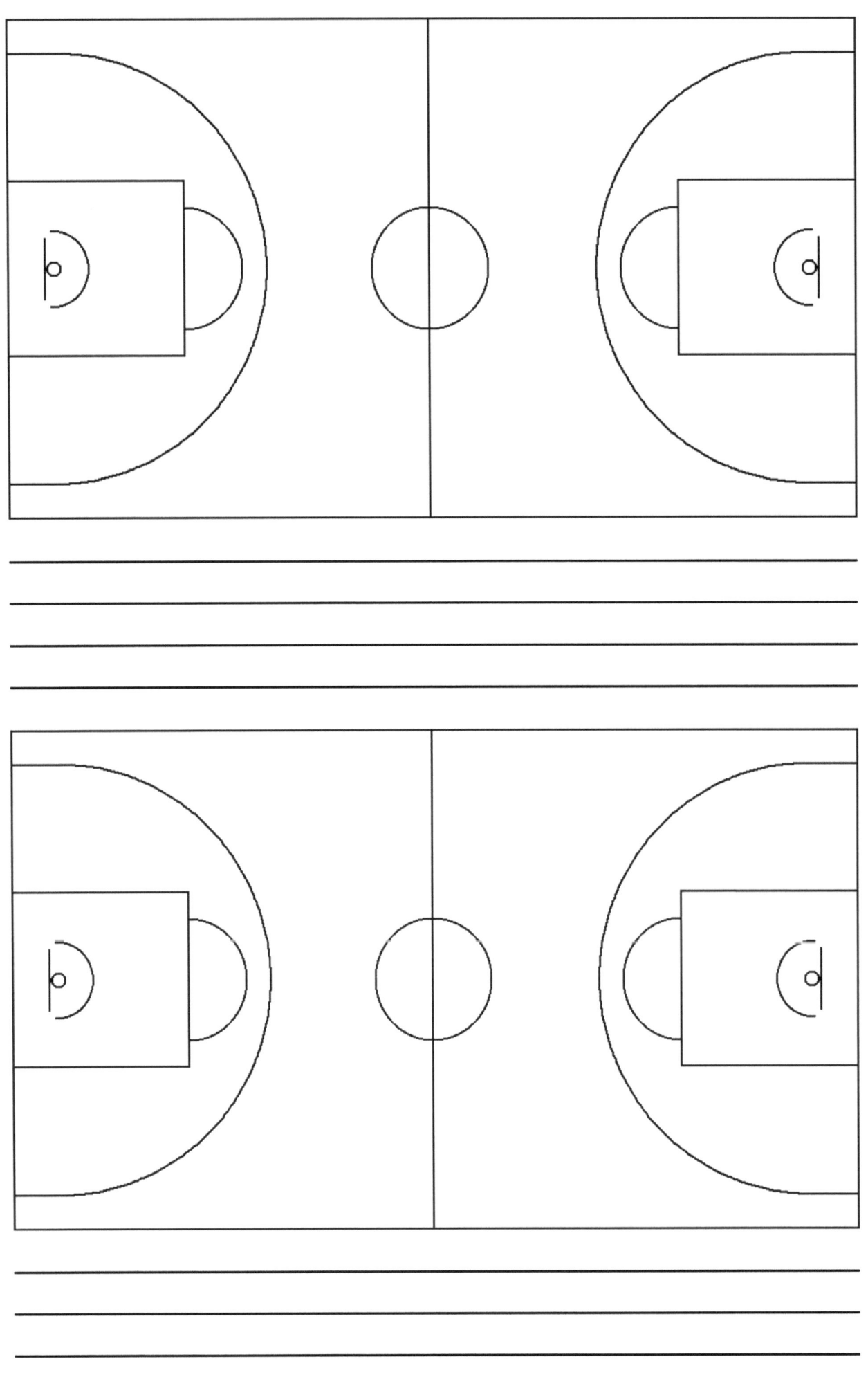

Ort / Halle: _____   Datum: _____

Teilnehmer: _____   Minuten: _____

_____ _____ _____ _____

_____ _____ _____ _____

_____ _____ _____ _____

_____ _____ _____ _____

Warm-up: mins: _____

_____

_____

Block 1:   mins: _____

_____

_____

_____

_____

_____

Shooting / Scrimmage   mins: _____

_____

_____

Block 2:   mins: _____

_____

_____

_____

_____

Shooting / Scrimmage   mins: _____

_____

Cool-down: mins: _____

_____

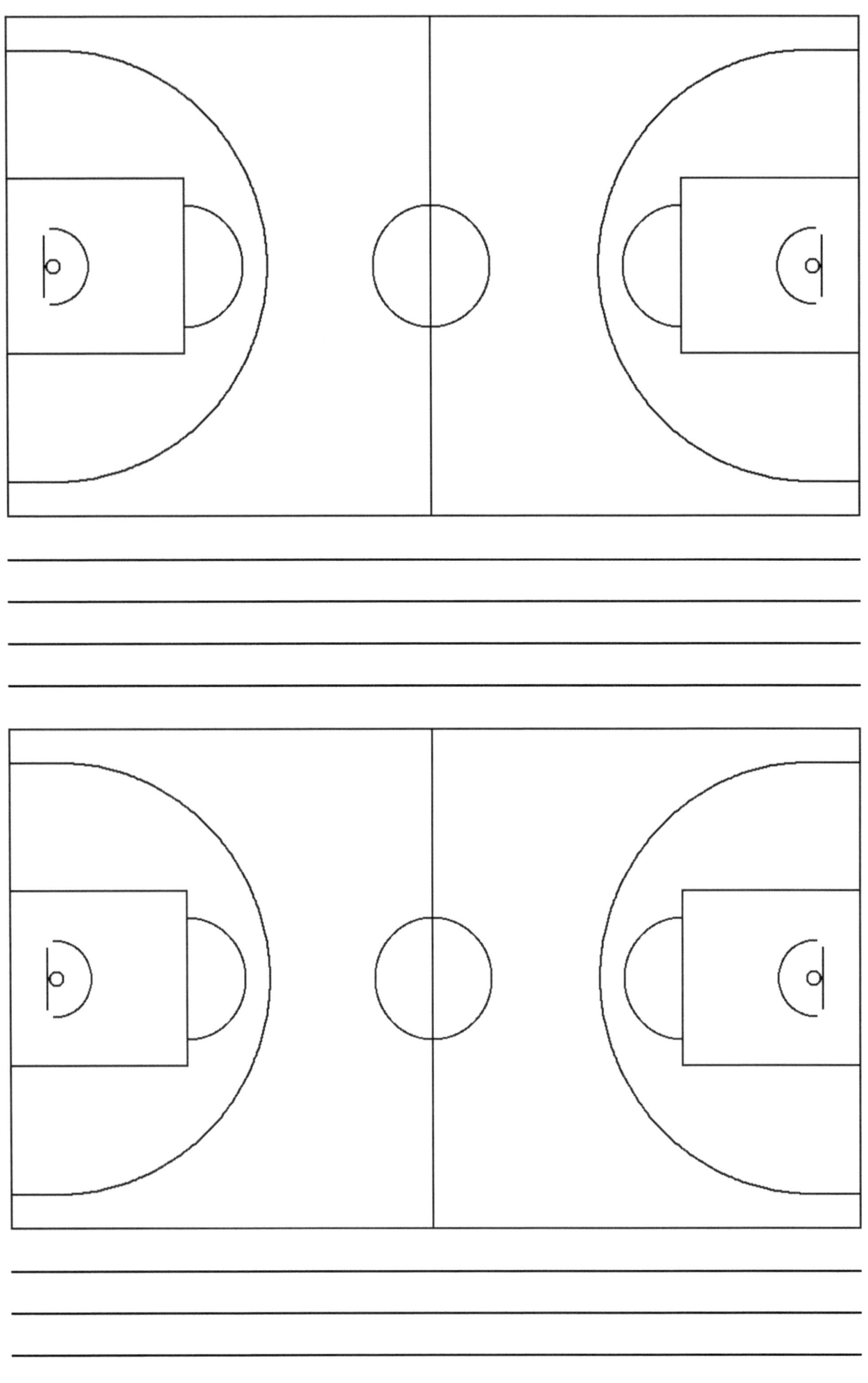

Ort / Halle: _____   Datum: _____

Teilnehmer: _____   Minuten: _____

_____ _____ _____ _____

_____ _____ _____ _____

_____ _____ _____ _____

_____ _____ _____ _____

_____ _____ _____ _____

Warm-up: mins:

_____

_____

Block 1:   mins:

_____

_____

_____

_____

_____

Shooting / Scrimmage   mins:

_____

Block 2:   mins:

_____

_____

_____

_____

Shooting / Scrimmage   mins:

_____

Cool-down: mins:

_____

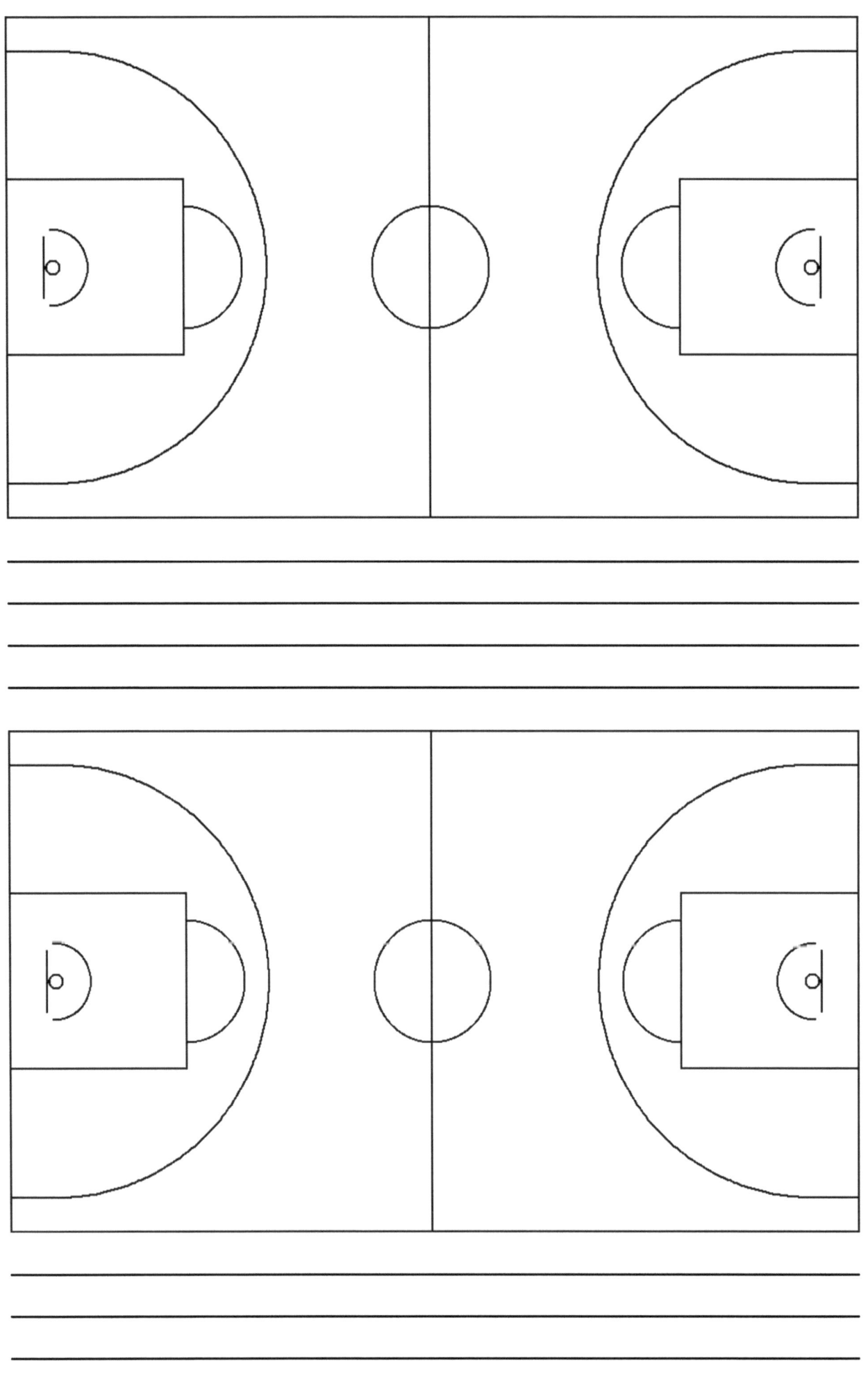

Ort / Halle: _____ Datum: _____

Teilnehmer: _____ Minuten: _____

_____ _____ _____ _____

_____ _____ _____ _____

_____ _____ _____ _____

_____ _____ _____ _____

_____ _____ _____ _____

Warm-up: mins:

_____

_____

Block 1:   mins:

_____

_____

_____

_____

_____

Shooting / Scrimmage   mins:

_____

_____

Block 2:   mins:

_____

_____

_____

_____

_____

Shooting / Scrimmage   mins:

_____

_____

Cool-down: mins:

_____

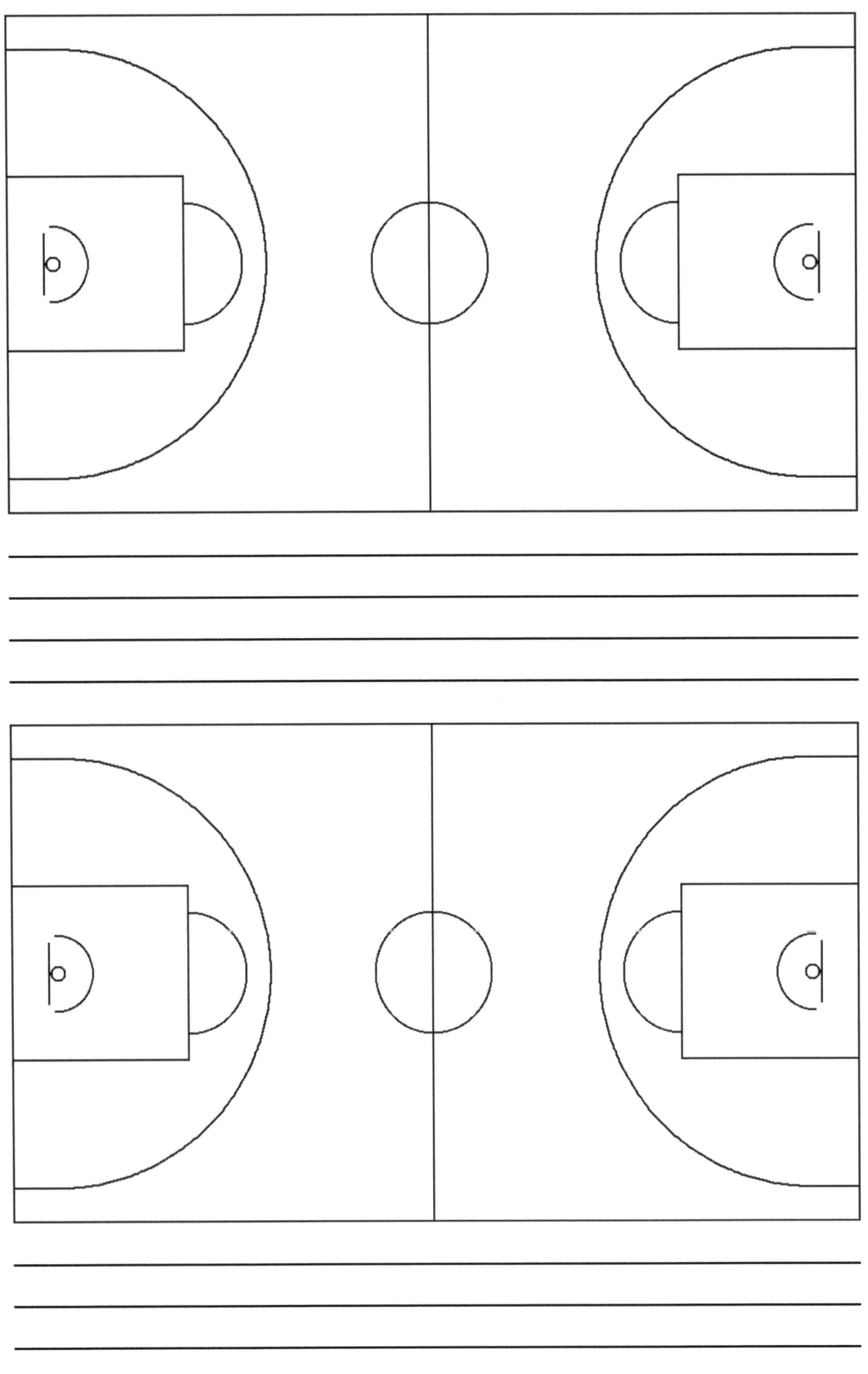

Ort / Halle: _____ Datum: _____

Teilnehmer: Minuten:

_____ _____ _____ _____

_____ _____ _____ _____

_____ _____ _____ _____

_____ _____ _____ _____

Warm-up: mins:

_____

_____

Block 1:   mins:

_____

_____

_____

_____

_____

Shooting / Scrimmage   mins:

_____

Block 2:   mins:

_____

_____

_____

_____

_____

Shooting / Scrimmage   mins:

_____

Cool-down: mins:

_____

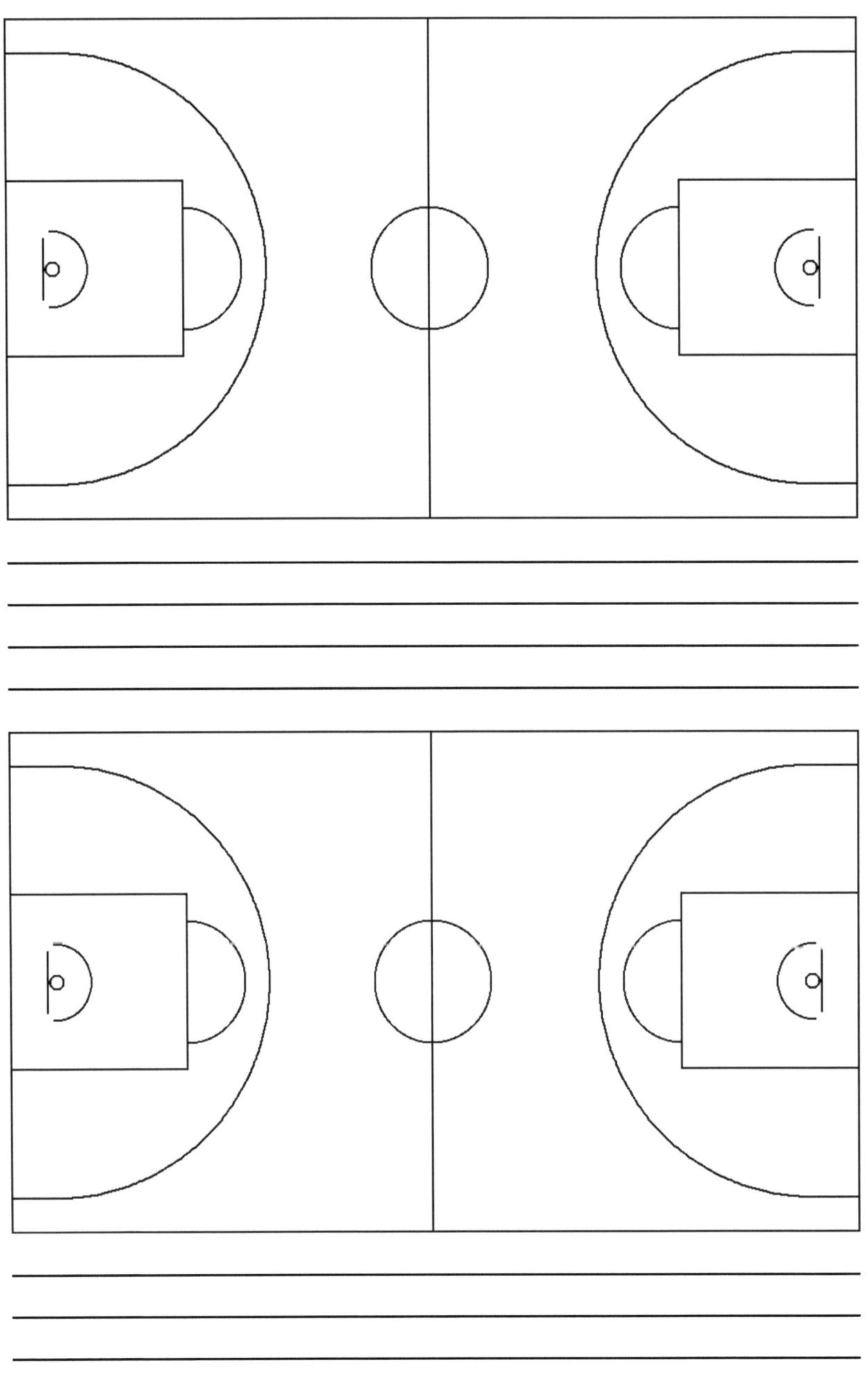

Ort / Halle: _____ Datum: _____

Teilnehmer: _____ Minuten: _____

_____ _____ _____ _____

_____ _____ _____ _____

_____ _____ _____ _____

_____ _____ _____ _____

Warm-up: mins: _____

_____

_____

Block 1:   mins: _____

_____

_____

_____

_____

_____

Shooting / Scrimmage   mins: _____

_____

Block 2:   mins: _____

_____

_____

_____

_____

_____

Shooting / Scrimmage   mins: _____

_____

Cool-down: mins: _____

_____

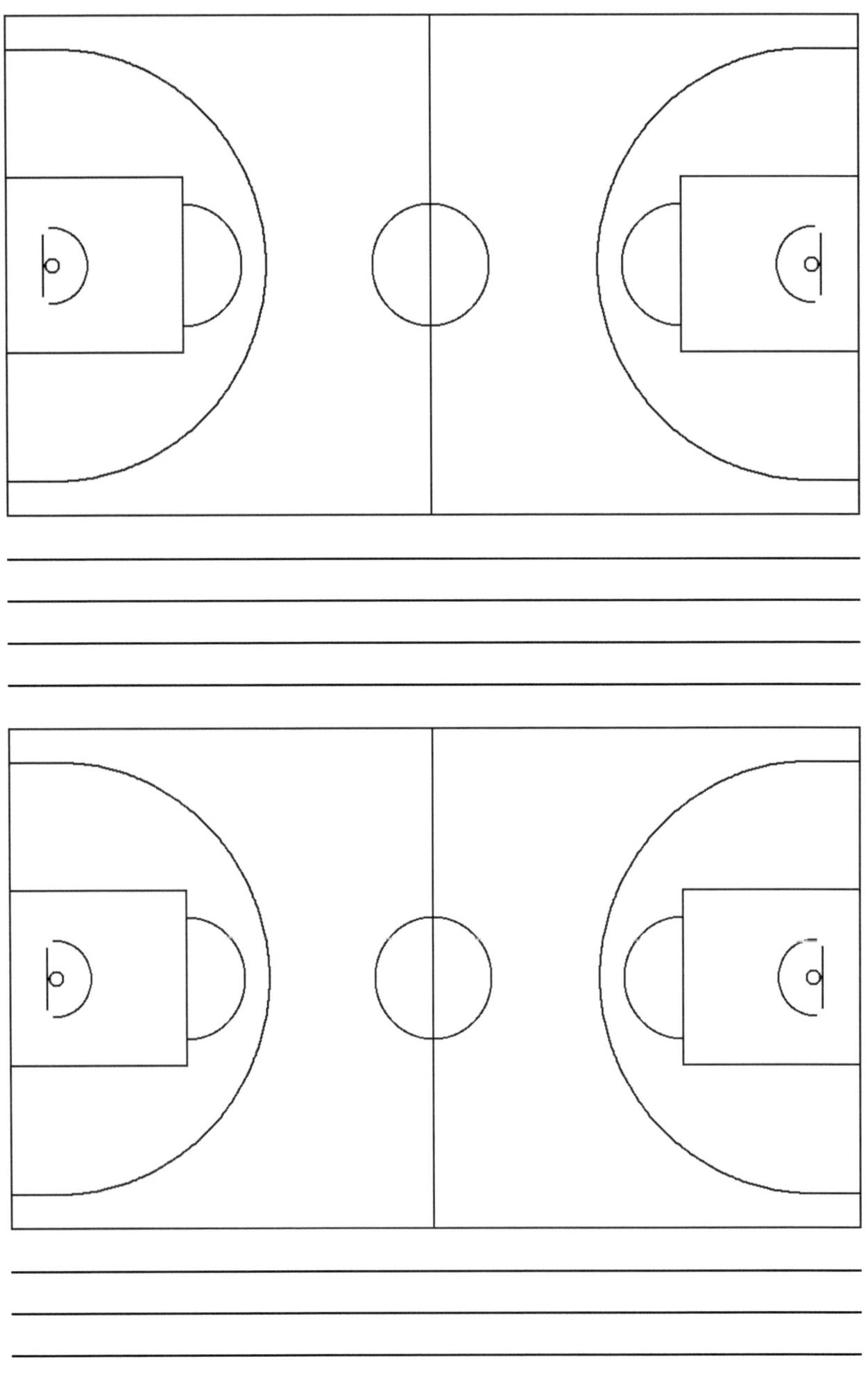

Ort / Halle: _____   Datum: _____

Teilnehmer: _____   Minuten: _____

_____	_____	_____	_____
_____	_____	_____	_____
_____	_____	_____	_____
_____	_____	_____	_____

Warm-up: mins:

_____

_____

Block 1:   mins:

_____

_____

_____

_____

Shooting / Scrimmage   mins:

_____

Block 2:   mins:

_____

_____

_____

_____

Shooting / Scrimmage   mins:

_____

Cool-down: mins:

_____

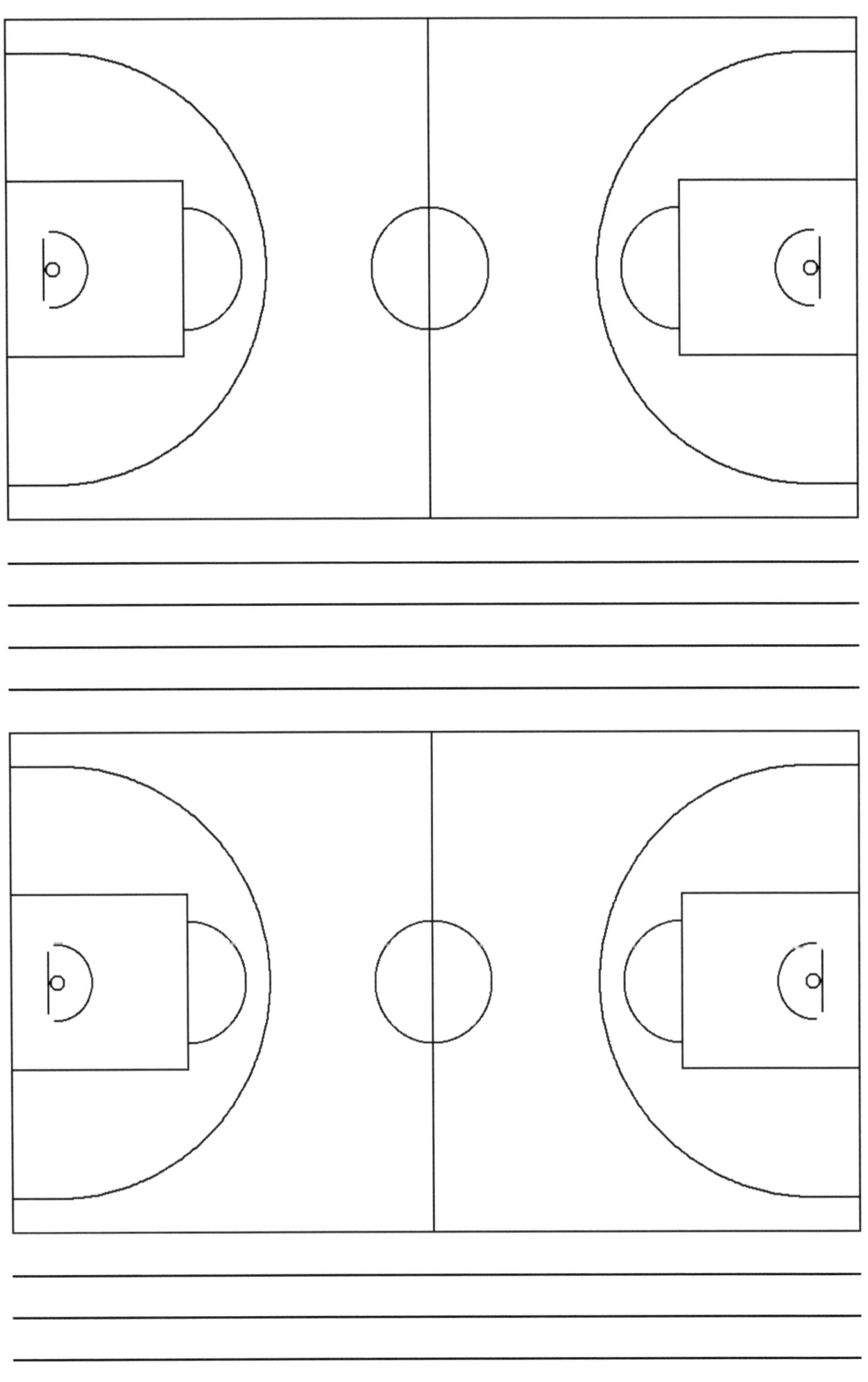

Ort / Halle: _____   Datum: _____

Teilnehmer: _____   Minuten: _____

_____ _____ _____ _____

_____ _____ _____ _____

_____ _____ _____ _____

_____ _____ _____ _____

_____ _____ _____ _____

Warm-up: mins: _____

_____

_____

Block 1:   mins: _____

_____

_____

_____

_____

_____

Shooting / Scrimmage   mins: _____

_____

_____

Block 2:   mins: _____

_____

_____

_____

_____

_____

Shooting / Scrimmage   mins: _____

_____

_____

Cool-down: mins: _____

_____

Ort / Halle: _____   Datum: _____

Teilnehmer: _____   Minuten: _____

_____	_____	_____	_____
_____	_____	_____	_____
_____	_____	_____	_____
_____	_____	_____	_____

Warm-up: mins:

_____

_____

Block 1:   mins:

_____

_____

_____

_____

Shooting / Scrimmage   mins:

_____

Block 2:   mins:

_____

_____

_____

Shooting / Scrimmage   mins:

_____

Cool-down: mins:

_____

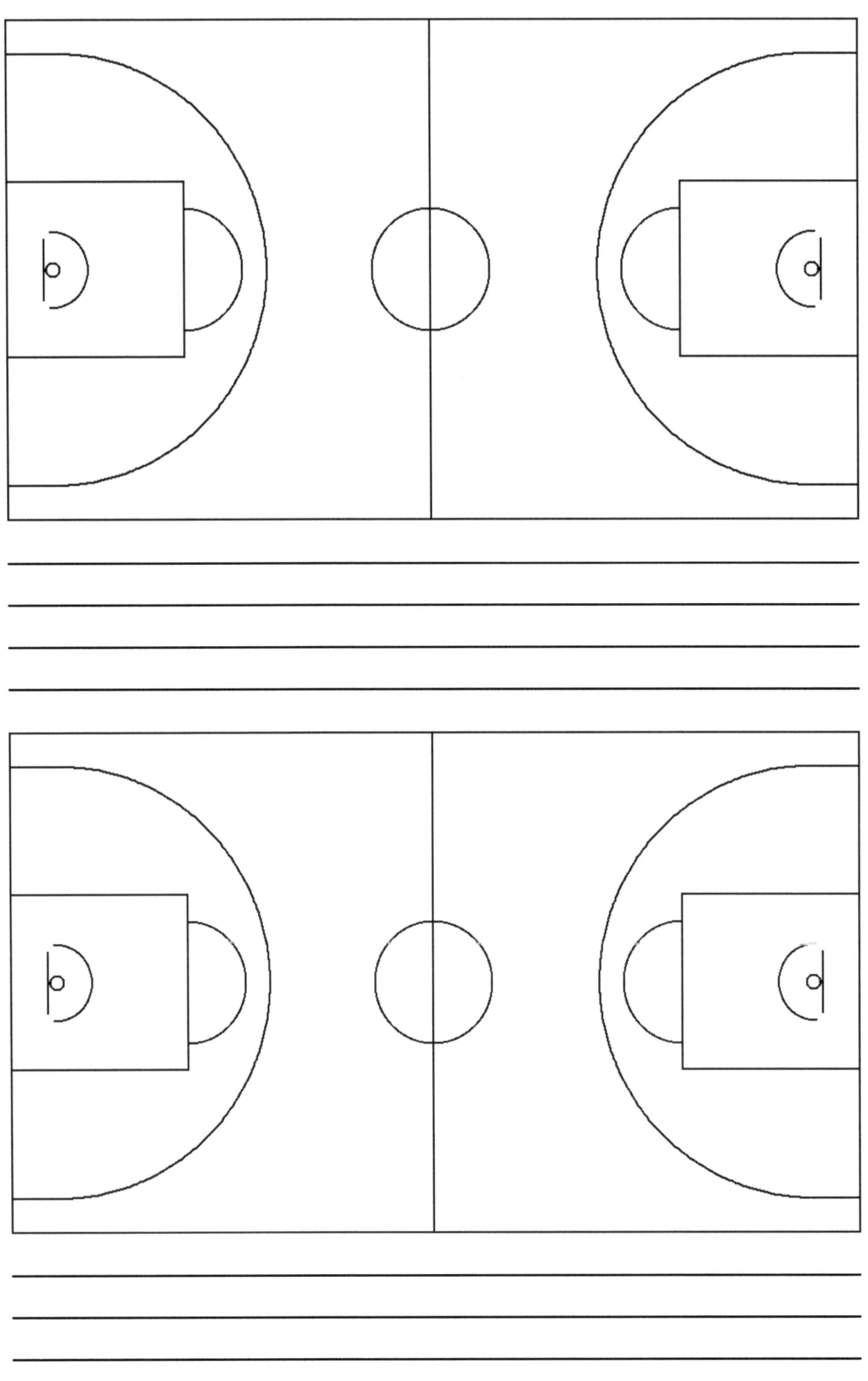

Ort / Halle: _____ Datum: _____

Teilnehmer: _____ Minuten: _____

_____ _____ _____ _____

_____ _____ _____ _____

_____ _____ _____ _____

_____ _____ _____ _____

Warm-up: mins: _____

_____

_____

Block 1:   mins: _____

_____

_____

_____

_____

_____

Shooting / Scrimmage   mins: _____

_____

_____

Block 2:   mins: _____

_____

_____

_____

_____

Shooting / Scrimmage   mins: _____

_____

Cool-down: mins: _____

_____

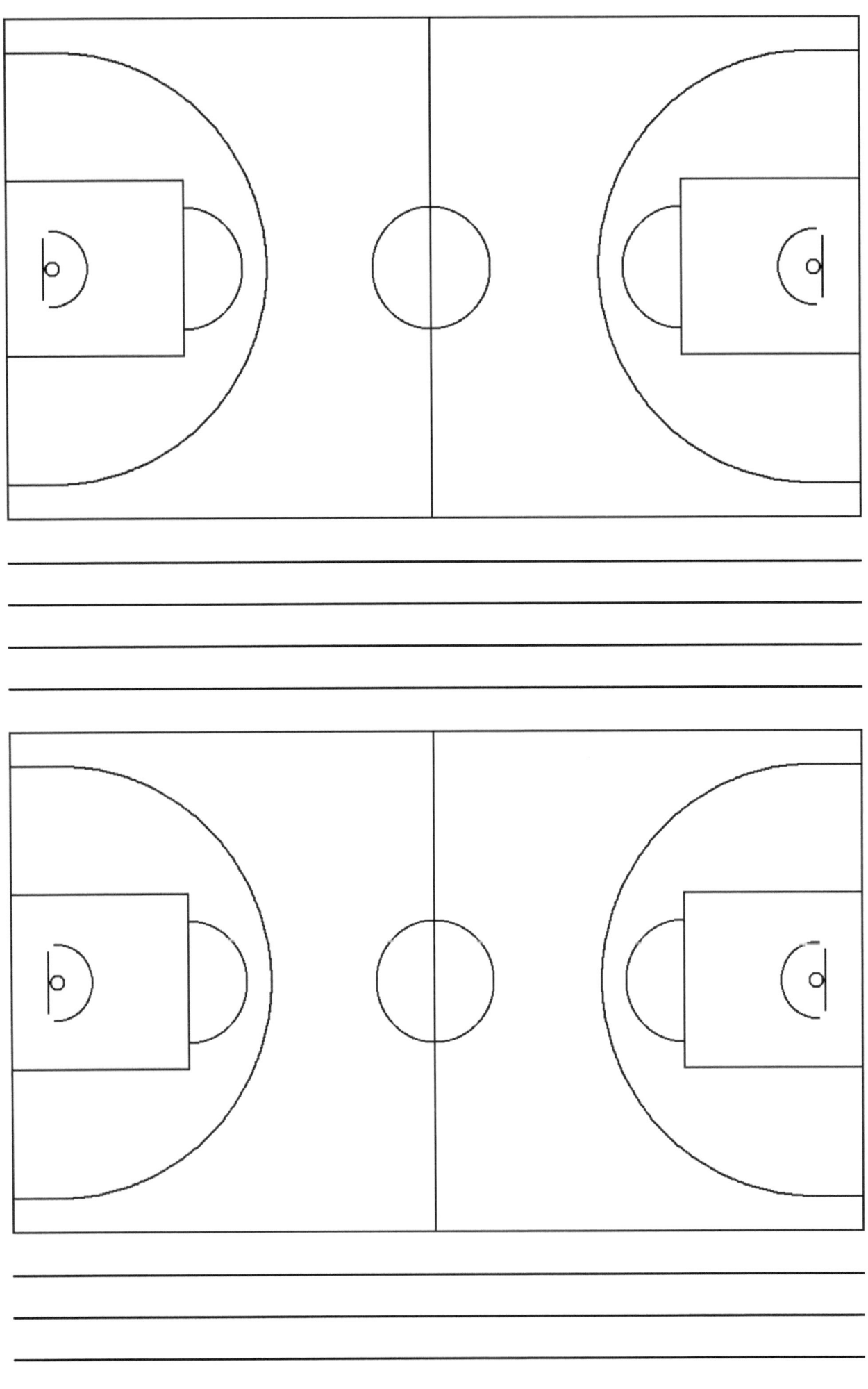

Ort / Halle: _____   Datum: _____

Teilnehmer: _____   Minuten: _____

_____ _____ _____ _____

_____ _____ _____ _____

_____ _____ _____ _____

_____ _____ _____ _____

Warm-up: mins: _____

_____

_____

Block 1:   mins: _____

_____

_____

_____

_____

_____

Shooting / Scrimmage   mins: _____

_____

Block 2:   mins: _____

_____

_____

_____

_____

Shooting / Scrimmage   mins: _____

_____

Cool-down: mins: _____

_____

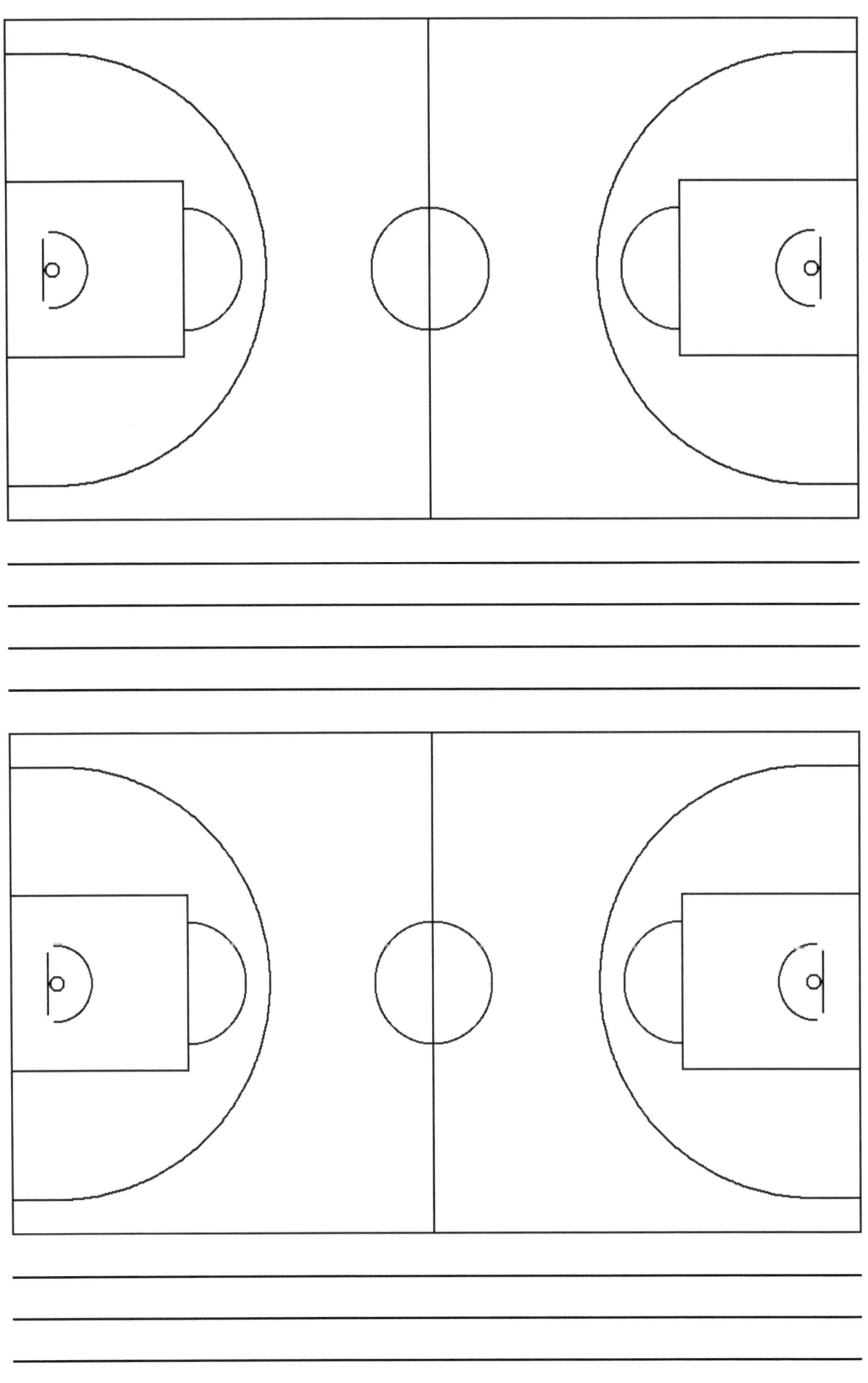

Ort / Halle: _____   Datum: _____

Teilnehmer: _____   Minuten: _____

_____ _____ _____ _____

_____ _____ _____ _____

_____ _____ _____ _____

_____ _____ _____ _____

Warm-up: mins:

_____

_____

Block 1:   mins:

_____

_____

_____

_____

_____

Shooting / Scrimmage   mins:

_____

_____

Block 2:   mins:

_____

_____

_____

_____

_____

Shooting / Scrimmage   mins:

_____

Cool-down: mins:

_____

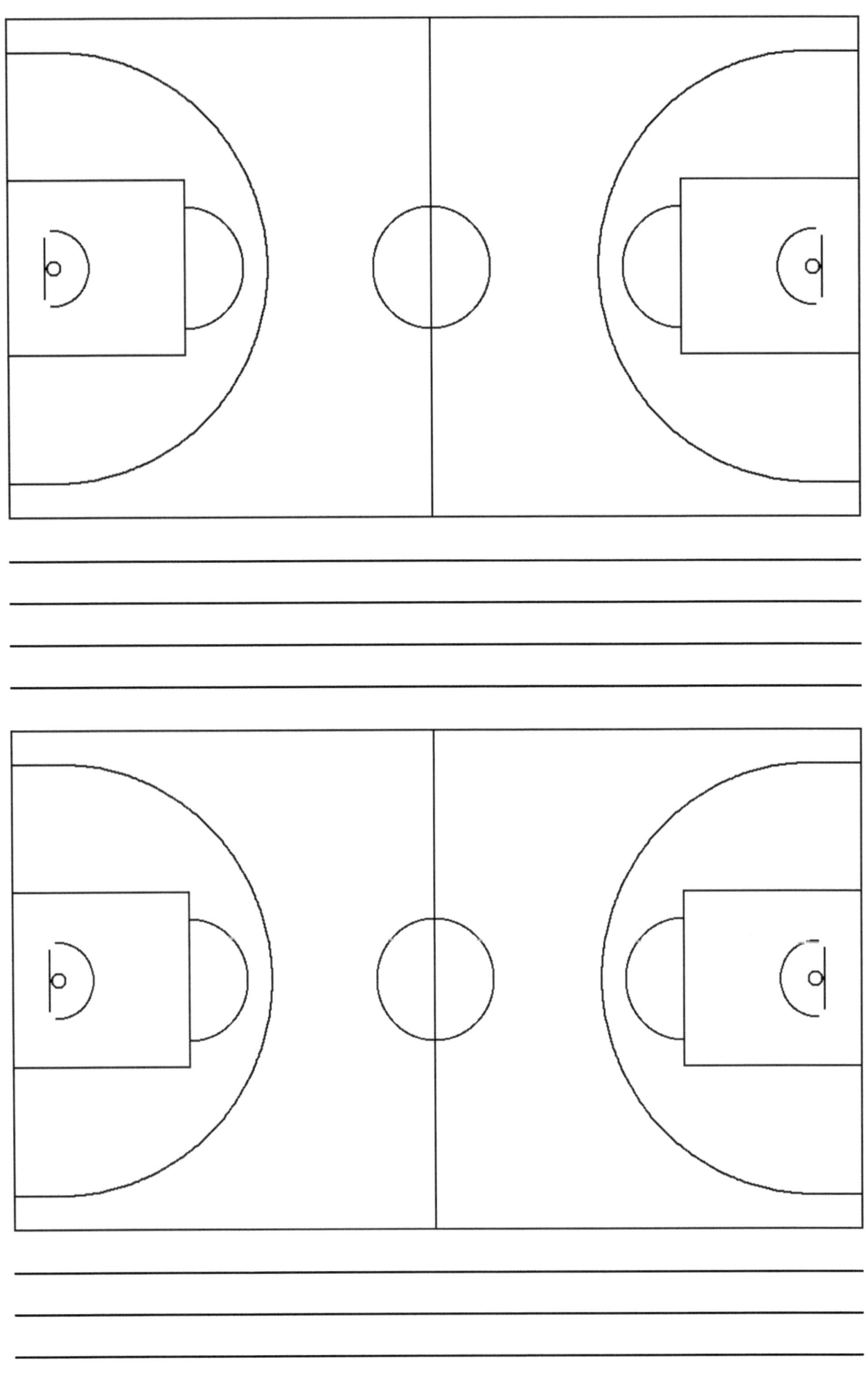

Ort / Halle: _____ Datum: _____

Teilnehmer: _____ Minuten: _____

_____ _____ _____ _____

_____ _____ _____ _____

_____ _____ _____ _____

_____ _____ _____ _____

_____ _____ _____ _____

Warm-up: mins:

_____

_____

Block 1:   mins:

_____

_____

_____

_____

_____

Shooting / Scrimmage   mins:

_____

Block 2:   mins:

_____

_____

_____

_____

Shooting / Scrimmage   mins:

_____

Cool-down: mins:

_____

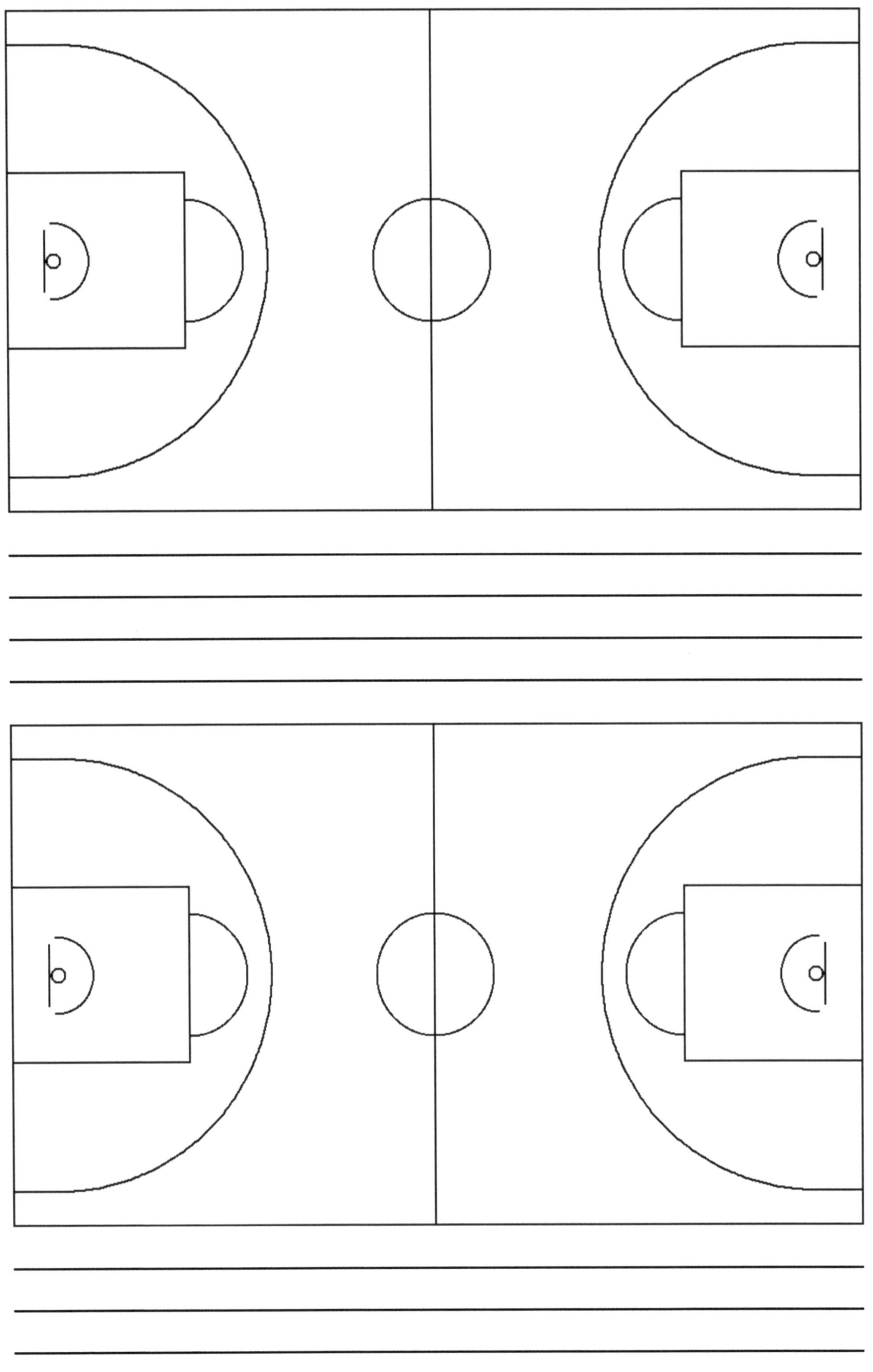

Ort / Halle: _____   Datum: _____

Teilnehmer: _____   Minuten: _____

_____ _____ _____ _____

_____ _____ _____ _____

_____ _____ _____ _____

_____ _____ _____ _____

_____ _____ _____ _____

Warm-up: mins: _____

_____

_____

Block 1:   mins: _____

_____

_____

_____

_____

_____

Shooting / Scrimmage   mins: _____

_____

_____

Block 2:   mins: _____

_____

_____

_____

_____

Shooting / Scrimmage   mins: _____

_____

Cool-down: mins: _____

_____

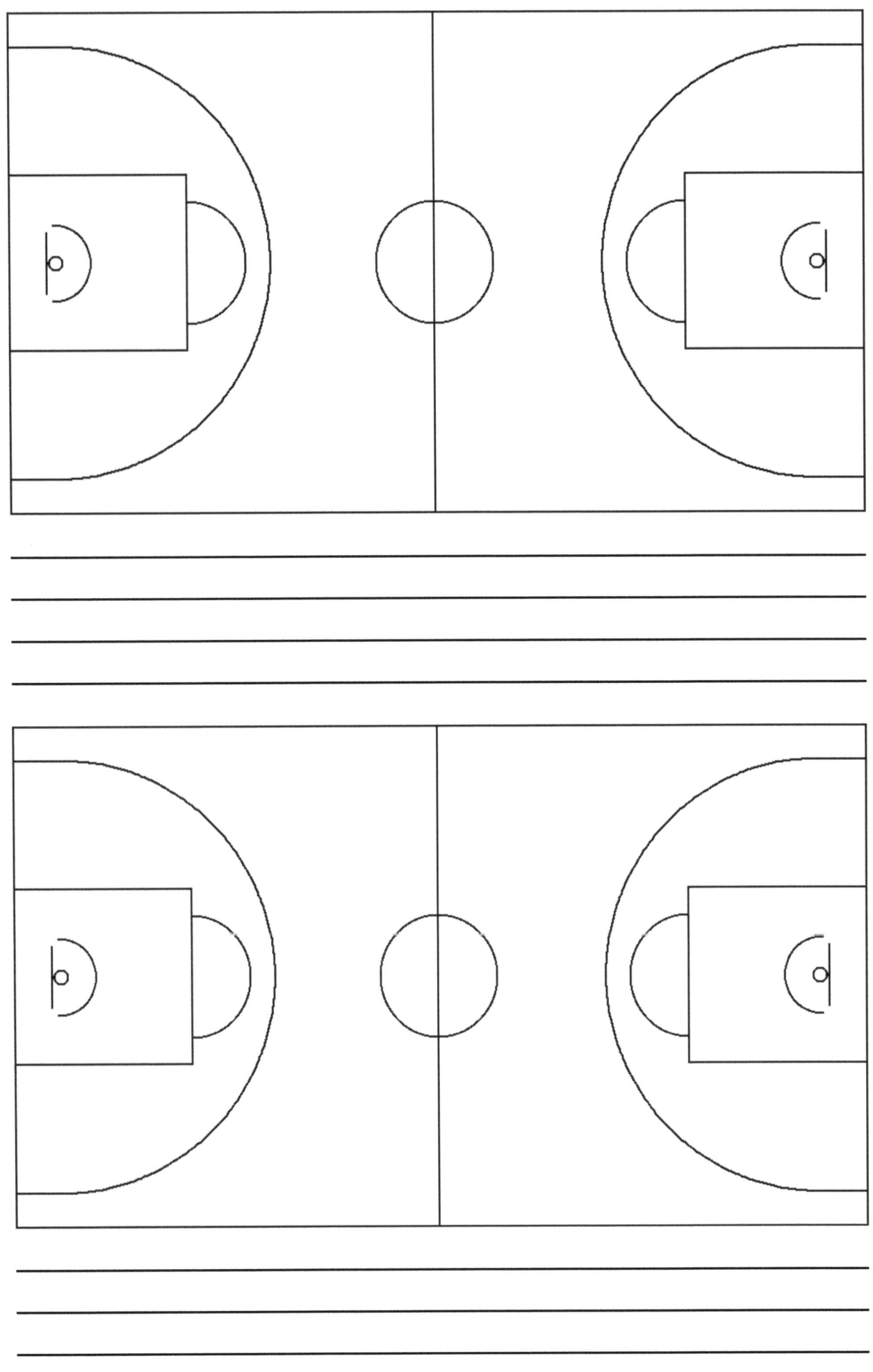

Ort / Halle: _____ Datum: _____

Teilnehmer: _____ Minuten: _____

_____ _____ _____ _____

_____ _____ _____ _____

_____ _____ _____ _____

_____ _____ _____ _____

_____ _____ _____ _____

Warm-up: mins:

_____

_____

Block 1:   mins:

_____

_____

_____

_____

_____

Shooting / Scrimmage   mins:

_____

Block 2:   mins:

_____

_____

_____

_____

_____

Shooting / Scrimmage   mins:

_____

Cool-down: mins:

_____

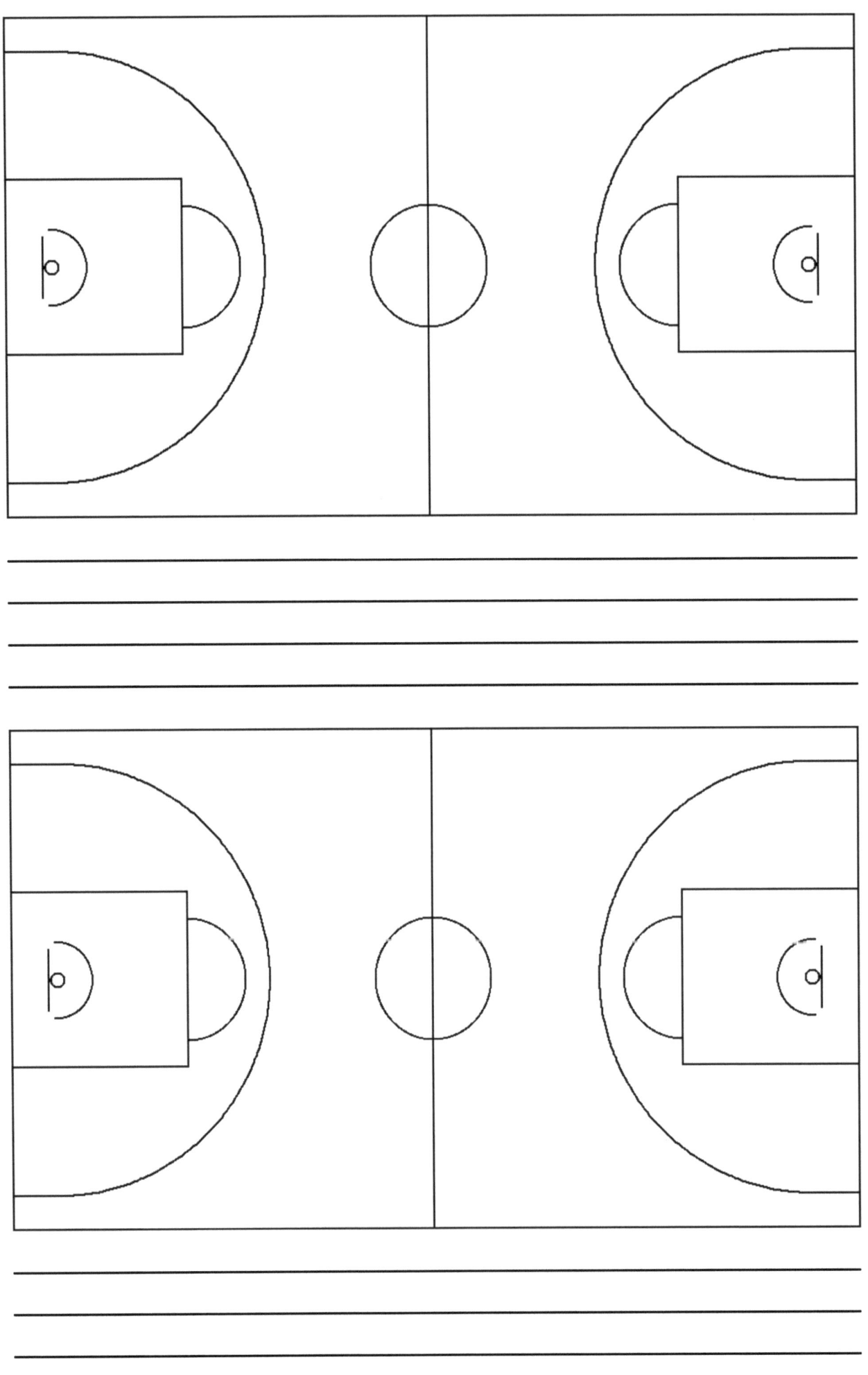

Ort / Halle: _____   Datum: _____

Teilnehmer: _____   Minuten: _____

_____ _____ _____ _____

_____ _____ _____ _____

_____ _____ _____ _____

_____ _____ _____ _____

Warm-up: mins:

_____

_____

Block 1:   mins:

_____

_____

_____

_____

_____

Shooting / Scrimmage   mins:

_____

_____

Block 2:   mins:

_____

_____

_____

_____

_____

Shooting / Scrimmage   mins:

_____

_____

Cool-down: mins:

_____

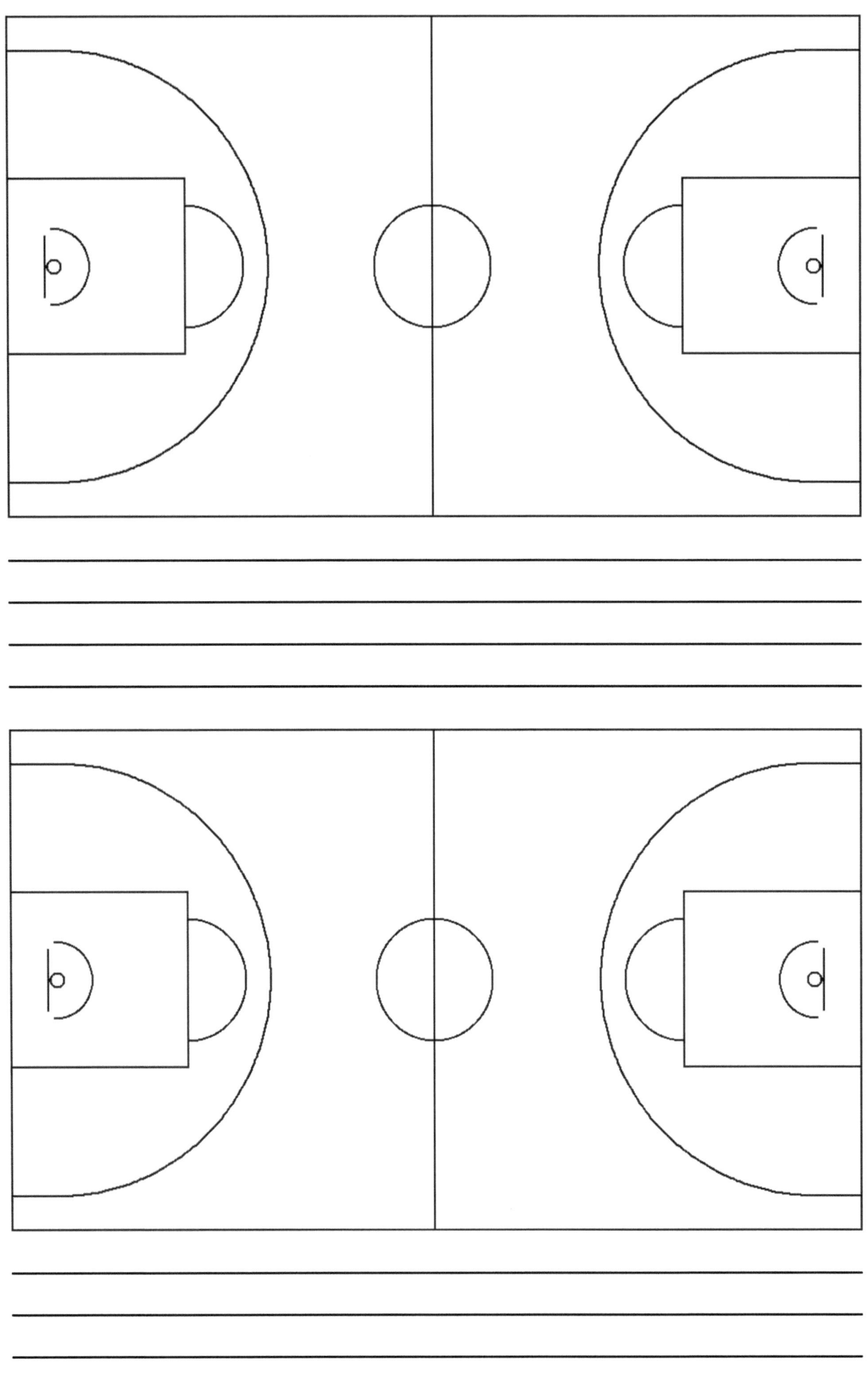

Ort / Halle: _____ Datum: _____

Teilnehmer: _____ Minuten: _____

_____ _____ _____ _____

_____ _____ _____ _____

_____ _____ _____ _____

_____ _____ _____ _____

Warm-up: mins: _____

_____

_____

Block 1:   mins: _____

_____

_____

_____

_____

_____

Shooting / Scrimmage   mins: _____

_____

Block 2:   mins: _____

_____

_____

_____

_____

Shooting / Scrimmage   mins: _____

_____

Cool-down: mins: _____

_____

Ort / Halle: _____ Datum: _____

Teilnehmer: _____ Minuten: _____

_____ _____ _____ _____

_____ _____ _____ _____

_____ _____ _____ _____

_____ _____ _____ _____

Warm-up: mins:

_____

_____

Block 1:   mins:

_____

_____

_____

_____

_____

Shooting / Scrimmage   mins:

_____

Block 2:   mins:

_____

_____

_____

_____

Shooting / Scrimmage   mins:

_____

Cool-down: mins:

_____

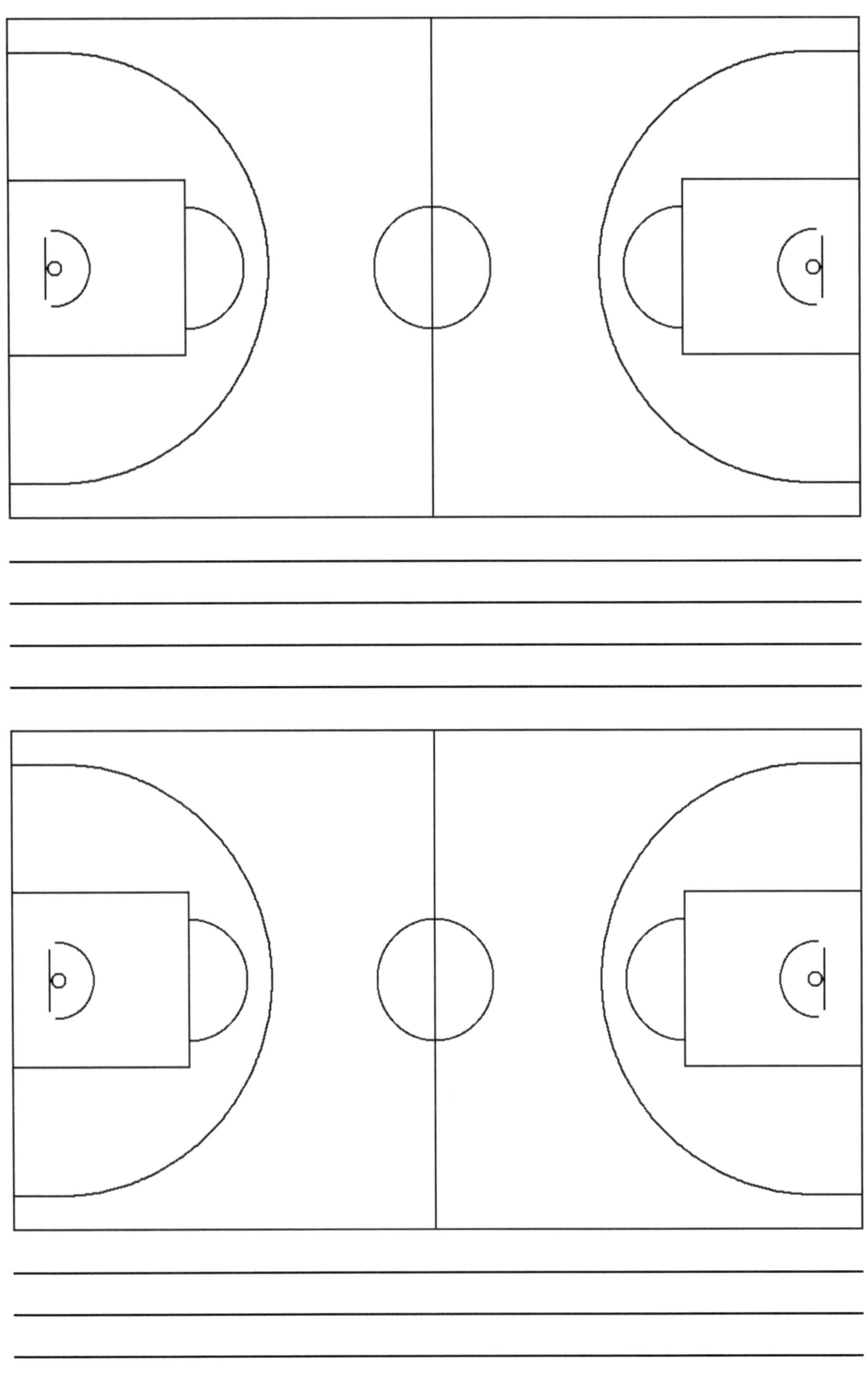

Ort / Halle: _____   Datum: _____

Teilnehmer: _____   Minuten: _____

_____ _____ _____ _____

_____ _____ _____ _____

_____ _____ _____ _____

_____ _____ _____ _____

_____ _____ _____ _____

Warm-up: mins: _____

_____

_____

Block 1:   mins: _____

_____

_____

_____

_____

_____

Shooting / Scrimmage   mins: _____

_____

Block 2:   mins: _____

_____

_____

_____

_____

Shooting / Scrimmage   mins: _____

_____

Cool-down: mins: _____

_____

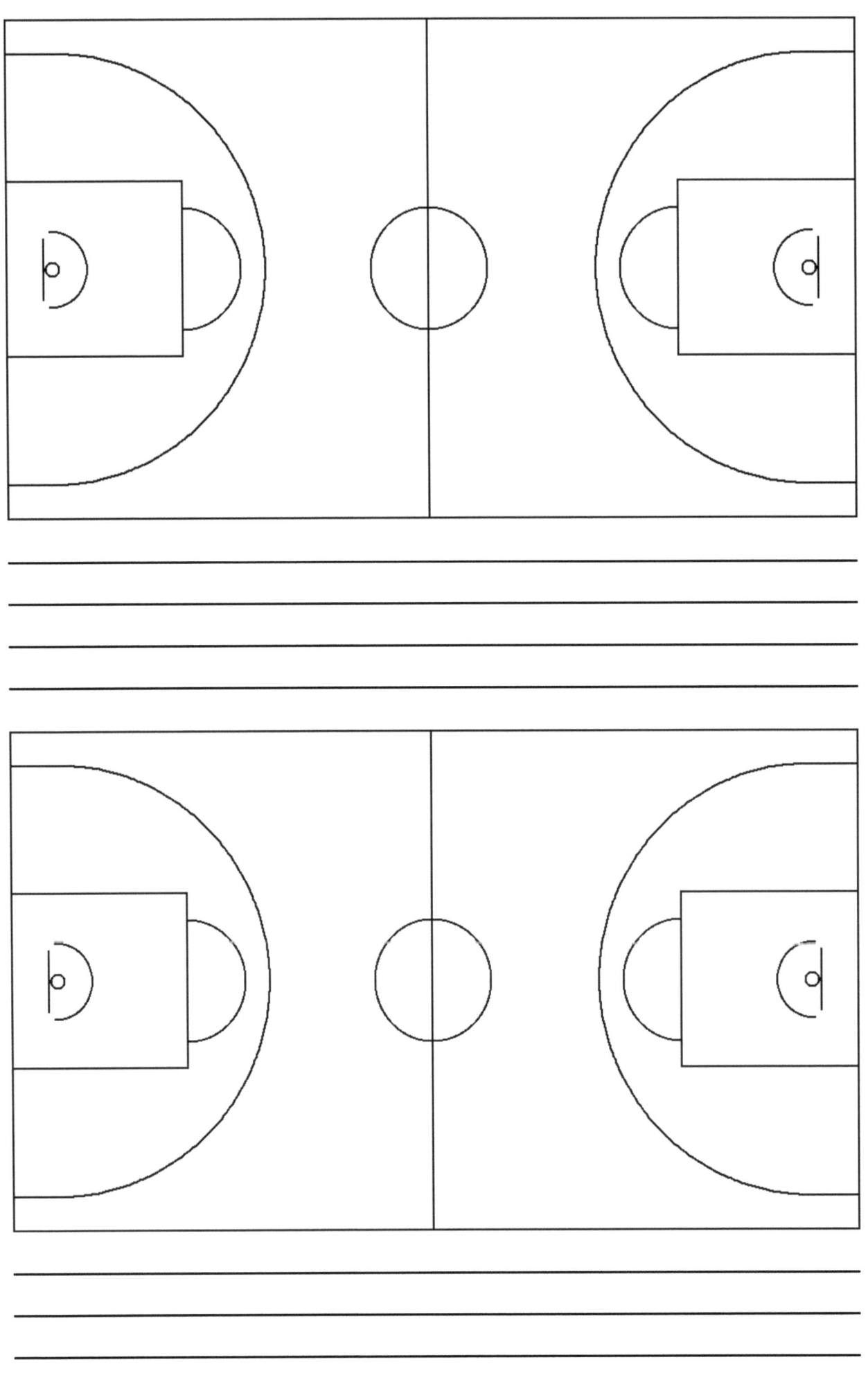

Ort / Halle: _____   Datum: _____

Teilnehmer: _____   Minuten: _____

_____ _____ _____ _____

_____ _____ _____ _____

_____ _____ _____ _____

_____ _____ _____ _____

Warm-up: mins:

_____

_____

Block 1:   mins:

_____

_____

_____

_____

_____

Shooting / Scrimmage   mins:

_____

Block 2:   mins:

_____

_____

_____

_____

_____

Shooting / Scrimmage   mins:

_____

Cool-down: mins:

_____

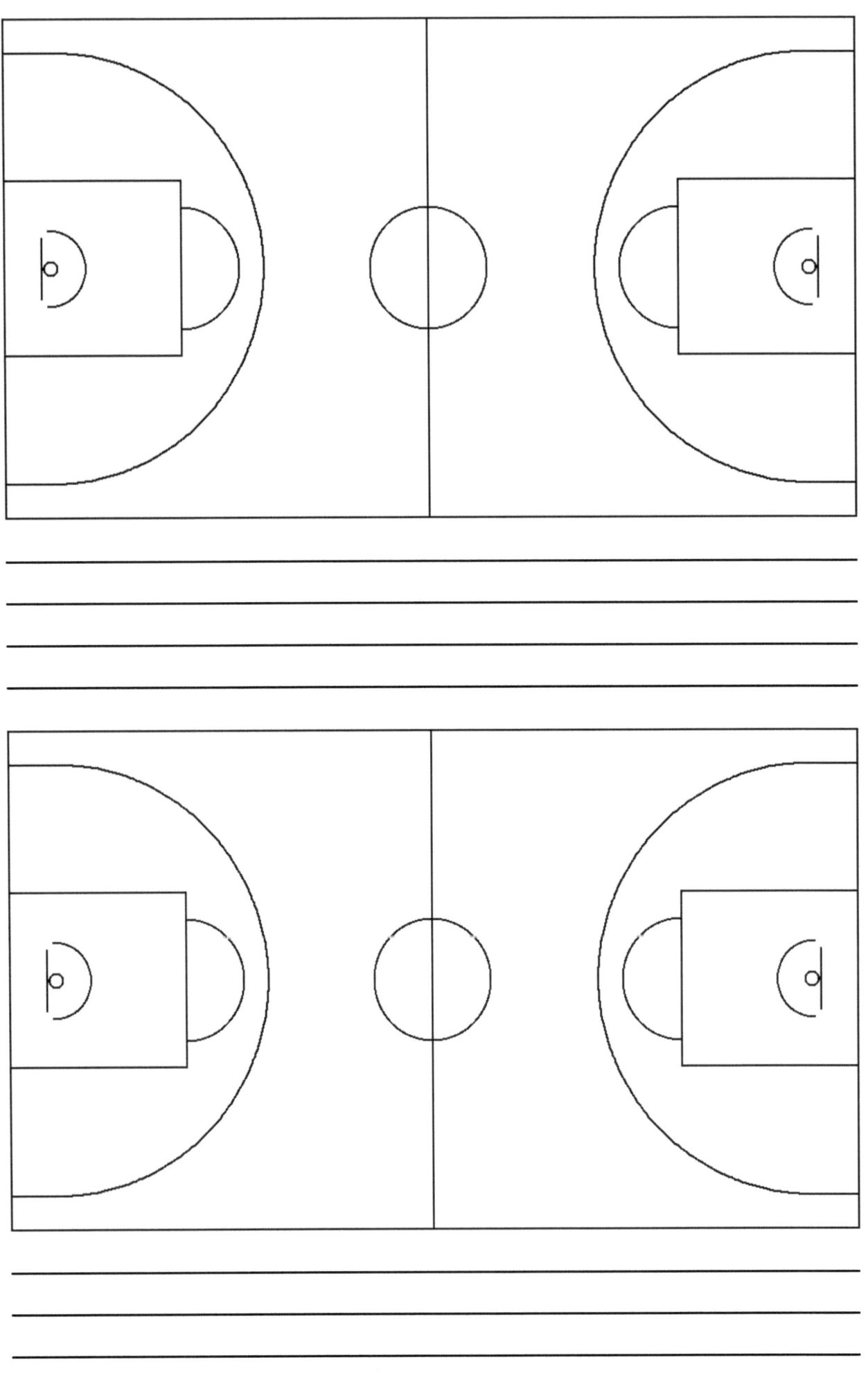

Ort / Halle: _____   Datum: _____

Teilnehmer: _____   Minuten: _____

_____ _____ _____ _____

_____ _____ _____ _____

_____ _____ _____ _____

_____ _____ _____ _____

Warm-up: mins: _____

_____

_____

Block 1:   mins: _____

_____

_____

_____

_____

Shooting / Scrimmage   mins: _____

_____

Block 2:   mins: _____

_____

_____

_____

Shooting / Scrimmage   mins: _____

_____

Cool-down: mins: _____

_____

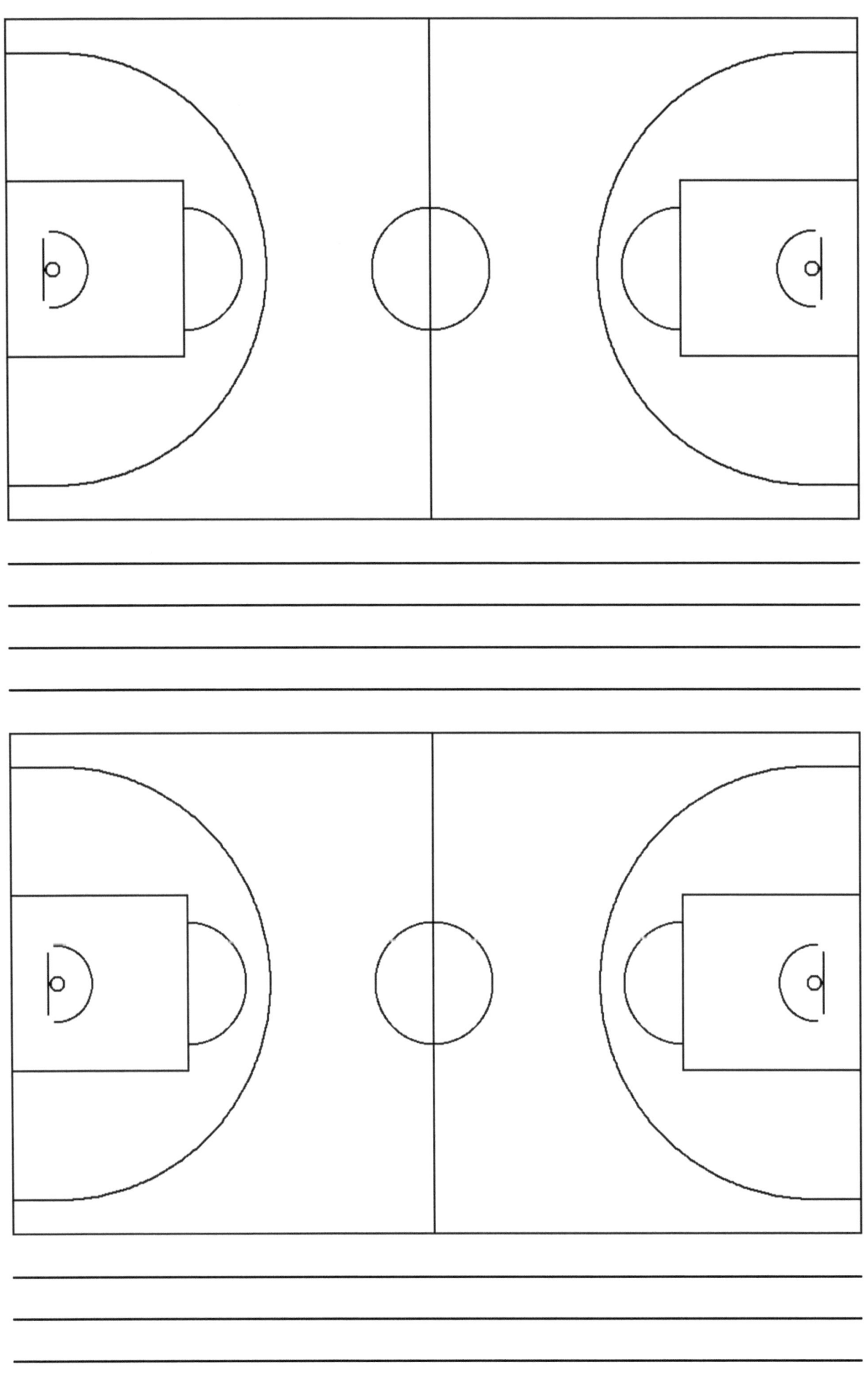

Ort / Halle: _____   Datum: _____

Teilnehmer: Minuten:

_____ _____ _____ _____

_____ _____ _____ _____

_____ _____ _____ _____

_____ _____ _____ _____

_____ _____ _____ _____

Warm-up: mins:

_____

_____

Block 1:   mins:

_____

_____

_____

_____

_____

Shooting / Scrimmage   mins:

_____

_____

Block 2:   mins:

_____

_____

_____

_____

Shooting / Scrimmage   mins:

_____

_____

Cool-down: mins:

_____

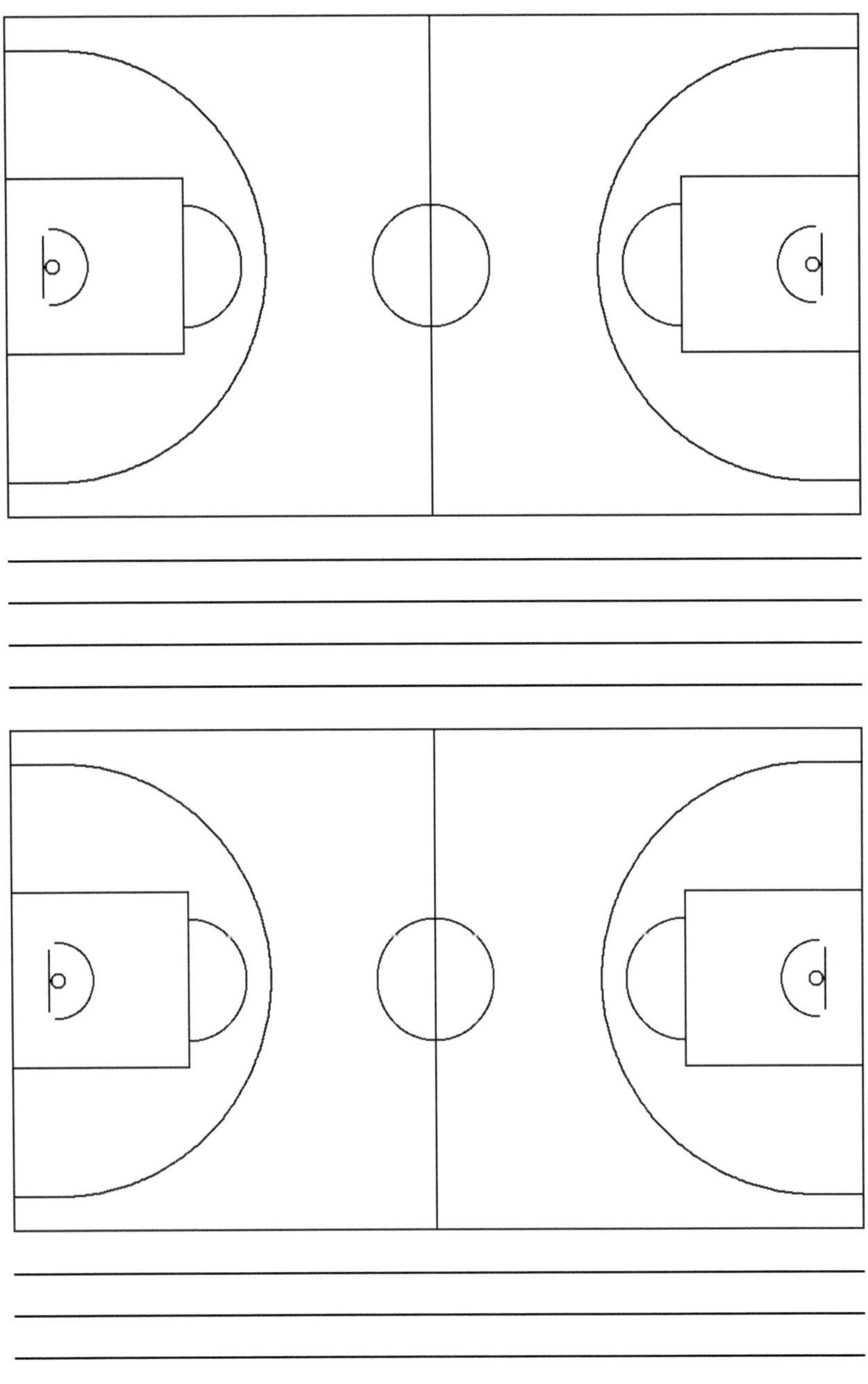

Ort / Halle: _____   Datum: _____

Teilnehmer: _____   Minuten: _____

_____ _____ _____ _____
_____ _____ _____ _____
_____ _____ _____ _____
_____ _____ _____ _____
_____ _____ _____ _____

Warm-up: mins:
_____
_____

Block 1:   mins:
_____
_____
_____
_____
_____

Shooting / Scrimmage   mins:
_____

Block 2:   mins:
_____
_____
_____
_____

Shooting / Scrimmage   mins:
_____

Cool-down: mins:
_____

Mehr im Netz:

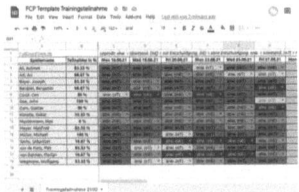

FullCourtPress Template Trainingsteilnahme
Online Google Spreadsheet zur freien Verfügbarkeit

https://FullCourtPress.de/L/TTT

Basketballkreis Münster
Downloadbereich

Dort finden Sie eine frühere Version des
Trainingsbogens, der diesem Buch zugrunde liegt.

https://bbkms.de/dokumente-und-downloads

Lesen Sie auch:

Ball-Pressure-Helpside-Defense
Absinkende, aggressive
Mann-Mann-Verteidigung
im modernen Basketball

https://FullCourtPress.de/L/BPHD

Sie finden mich bei:

Keybase.io
ein der wenigen sinnvollen social media platforms

Keybase ist mehr als Chat:
teams, secure git, crypto, wallet,
cross device files sync

https://keybase.io/alestre